Stefanie Bisping

Baltikum

Litauen · Lettland · Estland

W0174586

 Top 12   Restaurant

 besonderer Tipp   Unterkunft

 Warnung   Nightlife

 Info   Shopping

 Hinweis   Literatur

POLYGLOTT-Top  Umschlagklappe vorne

Specials
Volkssport Singen   **Seite 6**
Bis zum Kinn im Schlamm   **Seite 8**
Der Natur auf der Spur   **Seite 10**

Allgemeines

Drei Nationen, ein Lebensgefühl   **Seite 12**
  Lage und Landschaft · Klima und Reisezeit · Natur und
  Umwelt · Vielfalt der Nationen · Renaissance der
  Religion · Baltische Sprachverwirrung · Wirtschaft ·
  Politik
Geschichte im Überblick   **Seite 18**
Kultur gestern und heute   **Seite 20**
  Neue Töne aus dem Norden · Architektur · Literatur ·
  Moderne Kunst und alte Meister
Essen und Trinken   **Seite 24**
  Von Borschtsch bis Heringsparfait · Essen gehen ·
  Getränke
Urlaub aktiv   **Seite 26**
  Radfahren · Wandern · Wassersport · Angeln · Vogel-
  beobachtung · Reiten
Unterkunft   **Seite 28**
  Privatquartiere · Bauernhöfe · Camping · Jugend-
  herbergen
Reisewege und Verkehrsmittel   **Seite 29**
  Anreise · Unterwegs im Baltikum
Infos von A–Z   **Seite 99**
Mini-Dolmetscher   **Seite 102**
Register   **Seite 104**
Das System der POLYGLOTT-Sterne   **Seite 106**
Das Baltikum im Internet   **Umschlagklappe hinten**

Städtebeschreibungen

Vilnius – Stadt der Flaneure   Seite 32

Die vom Barock geprägte Altstadt vermittelt mit ihren pas-
tellfarbenen Gebäuden und verwinkelten Gässchen südländisches Flair. Unzählige Kirchen, viele Museen und Galerien
und nicht zuletzt das nahe gelegene Wasserschloss Trakai
locken die Besucher in die litauische Hauptstadt.

Rīga – Die Metropole des Baltikums

Seite 39

Die weltläufige Hafenstadt vereint Großstadtflair und historischen Reiz in sich. Steinerne Zeugen aus der Hansezeit in der Altstadt faszinieren ebenso wie die einzigartigen Jugendstilensembles in der Neustadt.

Tallinn – Handel, Hafen, Hanse

Seite 47

Ganz oben im Baltikum wartet die Hauptstadt Estlands mit einer historischen Altstadt auf, in der seit Jahrhunderten Handel und Handwerk den Ton angeben. Aristokratisch präsentiert sich dagegen die Oberstadt auf dem Domberg mit Dom, Newski-Kathedrale und Schloss.

Touren

Tour 1

Urlaubsträume am Haff

Seite 56

Vom historischen Klaipėda startet man zur Erkundung der Dünenlandschaft der Kurischen Nehrung. Im Hinterland kann man den skurrilen Berg der Kreuze und das Memeldelta entdecken.

Tour 2

Tiefe Wälder, blaue Seen: Südlitauen

Seite 64

Kaunas, die frühere Hauptstadt Litauens, bildet das Tor zum Kaunasser Meer und zur Moorlandschaft des Dzūkija-Nationalparks. Das malerische Wasserschloss von Trakai liegt kurz vor Vilnius.

Tour 3

Die weißen Strände Lettlands

Seite 70

Badehose nicht vergessen! Von Jūrmala über Ventspils nach Liepāja entsteht ein Bild der lettischen Westküste. In den sanften Hügeln Kurlands zeigt sich Lettland von seiner lieblichen Seite.

Paläste und Natur im Herzen Lettlands

Tour 4 — Seite 78

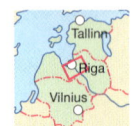

Ein Besuchermagnet ist das Schloss Rundāle, das »Versailles an der Ostsee«, Im Westen dient die alte Hansestadt Cēsis als Sprungbrett in den wild-romantischen Gauja-Nationalpark.

Moore und Meer: Estlands Westküste

Tour 5 — Seite 83

Auf den estnischen Inseln kann man reine Natur erleben wie sonst kaum noch in Europa. Hauptziel ist das idyllische Saaremaa. Der alte Kurort Pärnu liegt bereits wieder auf dem Festland.

Durchs Land der Buchten

Tour 6 — Seite 89

Inmitten von Mooren und Wäldern stößt man im Lahemaa-Nationalpark auf den prachtvollen Guts-sitz Palmse. Entlang der schroffen Glintküste führt die Tour bis zur russische Grenze bei Narva.

Der unentdeckte Süden Estlands

Tour 7 — Seite 93

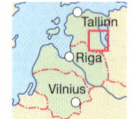

Die reizvolle Landschaft am Peipus-See sowie an zahlreichen kleineren Seen wechselt sich ab mit alten Städten wie dem Universitätsstandort Tartu und dem malerischen Elva.

*Auf der estnischen Insel Saaremaa
gibt es noch historische Windmühlen*

Bildnachweis

Baltikum Tourismus Zentrale: 26; Ralf Freyer: 5, 55, 60, 94, 98, Umschlag Rück-seite oben; Georg Ots Spa Hotel: 8, 9; Eberhard Kahl: 21, 33, 35, 42, 51, 53, 71, 73, 81, 92; laif/Babovic: 10, 15, 31, 45, 65, 75, 79, 82, 86, 97; laif/Eisermann: 6, 69, 90, 108; laif/Kirchner: Umschlag Rückseite unten; Thomas Stankiewicz: 2, 11, 17, 25, 39, 47, 57, 62, 68, 88; Titelbild: Bildagentur Huber/R. Schmid.

Volkssport **Singen**

Dass der Grand Prix zweimal hintereinander im Baltikum stattfand – 2002 in Tallinn, 2003 in Rīga – ist kein Zufall: Ein Leben ohne Musik kann sich hier niemand vorstellen. Chorgesänge und Lieder machen einen wichtigen Teil der Volkskultur aus. Schon lange vor der »singenden Revolution« in den 1990er Jahren halfen sie den baltischen Völkern, ihre nationale Identität zu bewahren und zu pflegen.

Die größten Chöre der Welt kommen anlässlich der **Sängerfeste** zusammen. 1869 fand das erste in Estland statt, die Nachbarländer zogen bald nach. Bis heute sind die Sängerfeste nationale Ereignisse, zu denen Exilbalten aus der ganzen Welt anreisen. Tagelang singen Chöre überall in der Stadt – oder versammeln sich in den großen Arenen. 30 000 Sänger fasst etwa die Bühne in Vilnius. Sängerfeste finden alle vier bis fünf Jahre statt. Seit 2003 zählt die UNESCO sie zum Weltkulturerbe.

Die nächsten landesweiten Sängerfeste finden in Vilnius 2007, in Rīga 2008 und in Tallinn 2009 statt, voraussichtlich Anfang Juli. Sonderreisen zu diesen Terminen hat der Hamburger Veranstalter **Schnieder Reisen** im Programm (Schillerstr. 43, 22767 Hamburg, Tel. 0 40/3 80 20 60, Fax 38 89 65, www.schniederreisen.de).

Opern-Highlights zum Spartarif

Das Niveau ist hoch, die Preise niedrig: Wo sonst kann man für 2–15 € hochkarätige Aufführungen sehen? Das schönste und renommierteste Opernhaus besitzt Rīga – von Kennern wird es mit der Moskauer Bolschoi-Oper gleichgesetzt.

▐ **Estnische Nationaloper,** Estonia pst. 4, Tallinn, Tel. 626 0214, www.opera.ee. Vorverkauf tgl. 11–19 Uhr. Kartenbestellung Mo–Fr 10–16 Uhr unter Tel. 683 1260, Fax 683 1246 oder estonia@opera.ee.

Lettische Nationaloper, Aspazijas bulv. 3, Rīga, Tel. 707 3777, www.opera.lv. Vorverkauf tgl. 10–19 Uhr. Kartenbestellung unter Tel. 707 3745 und 707 3776, boxoffice@opera.lv.

▐ **Litauische Nationaloper,** A. Vienuolio 1, Vilnius, Tel. 262 0727, www.opera.lt. Vorverkauf tgl. 10–19, Sa bis 18, So bis 15 Uhr. Kartenbestellung unter Tel./Fax 262 0727 oder info@opera.lt.

Festivals von Klassik bis Jazz

Der baltische Sommer gehört der Musik: Prominent besetzte **Opernfestivals** finden im Juni in Rīga (www.opera.lv) und Ende Juli in Kuressaare statt. An Liebhaber klassischer Musik wendet sich auch das **Thomas-Mann-Festival** im Juli auf der Kurischen Nehrung (www.thomas-mann-festival. de). Weitere **Festivals klassischer Musik** (www. filharmonija.lt) werden im Juni in Vilnius sowie im August in Klaipėda veranstaltet. Das estnische **Internationale Musikfestival** im Juni und das litauische **Pažaislis Musikfestival** (www.pazaislis.lt) sind Konzertreihen mit Veranstaltungsorten im ganzen Land. **Festivals für Alte Musik** kann man im Juli im Barockschloss Rundāle, in Rīga, in der Burgruine von Bauska sowie im estnischen Viljandi (www.viljandi.ee) besuchen. Im Frühling trifft man sich zum **Internationalen Jazzfestival** in Tallinn (www.jazzkaar.ee). Weitere **Jazzfestivals** finden im Juni in Klaipėda (www.jazz.lt) und im Juli in Saulkrasti (www.saulkrastijazz.lv) statt. Zum **Internationalen Jazzfestival** in Vilnius (www.vilniusjazz.lt) reisen im Herbst Fans aus der gesamten Region an.

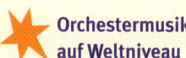 **Orchestermusik auf Weltniveau**

Baltische Orchester genießen internationalen Ruf: In der Philharmonie in Vilnius treten das **Litauische Symphonieorchester,** das **Kammerorchester** und das **Čiurlionis-Streichquartett** auf. Das renommierte **Lettische Symphonieorchester** erfüllt die Konzerthalle der Großen Gilde in Rīga mit Wohlklang. Zeitgenössische lettische Werke, aber auch Barockmusik und Wiener Klassik spielt das **Rīgaer Kammerorchester.** Das **Estnische Symphonieorchester** ist im Tallinner Konzertsaal zu Hause.

▐ **Litauische Philharmonie,** Aušros Vartų 5, Tel. 266 5233, www.filharmonija.lt

▐ **Lettisches Symphonieorchester,** Amatu 6, Tel. 721 3643, www.music.lv/orchestra

▐ **Neues Rīgaer Kammerorchester,** unterschiedl. Spielorte, Fax 728 1737, www.music.lv/chamber orchestra/DE

▐ **Estnisches Symphonieorchester,** Estonia pst. 4, Tel. 614 7760, www.concert.ee

Eine ausführliche Liste aktueller Festivals und Veranstaltungen findet man auf der Webseite der Baltikum Tourismus-Zentrale unter www.baltikuminfo.de.

Bis zum Kinn
im Schlamm

▌**Georg Ots Spa Hotel** ist der erste moderne Wellnesstempel westlicher Prägung auf der estnischen Insel Saaremaa. Direkt am Sandstrand von Kuressaare gelegen, verwöhnt es seine Gäste mit Massagen, Thalasso-Anwendungen und kosmetischen Behandlungen (Tori 2, Kuressaare, Tel. 455 0000, www.gospa.ee).

▌**Pädaste Mõis,** ein estnisches Herrenhaus aus dem 17. Jh. auf der Insel Muhu, wurde zum exklusiven Wellness-Hotel umgebaut. Die luxuriös ausgestatteten Zimmer, die exquisite Küche und das Freizeitangebot genügen selbst höchsten Ansprüchen (Tel. 454 8800, www.padaste.ee).

Schon die russischen Zaren reisten ins estnische Haapsalu, um Schlammbäder zu nehmen. Schattige Parks und die reizvolle Holzarchitektur machen den Charme des traditionsreichen Kurorts aus. Wie in Kuressaare und Pärnu wird hier seit den 2oer Jahren des 19. Jhs. Meeresschlamm zu Heilzwecken genutzt: Warme Schlammbäder sind nicht nur entspannend, sie wirken auch schmerzlindernd und entzündungshemmend und helfen daher bei Hautkrankheiten sowie bei Erkrankungen des Bewegungsapparats.

Die ersten Spa-Hotels, die nach der Wende gebaut wurden, setzten einen pragmatisch medizinischen Schwerpunkt und waren eher Sanatorien als Wellnessoasen. Wen es jedoch nicht stört, beim Frühstück Gäste im Bademantel anzutreffen, kann hier den Luxus ungewöhnlich preiswerter Anwendungen genießen – eine halbstündige Massage kostet weniger als 10 €. Inzwischen eröffnen immer mehr Hotels, die bei nach wie vor günstigen Preisen westeuropäischen Standards entsprechen: ohne medizinischen Kurbetrieb, dafür aber mit einem Anwendungsprogramm, das von der Thalassotherapie bis zum Heubad jeden Wunsch erfüllt.

★ Weitere estnische Wellnesshotels findet man unter www.sanatoorium.ee, die wichtigsten Behandlungsmethoden der estnischen Kurorte unter www.estonian.spas.com.

Auftanken im Day Spa

Erschöpft vom Kopfsteinpflastertreten in den baltischen Hauptstädten? Ein Besuch im Day Spa löst verspannte Muskeln und verspricht schnelle Regeneration.

In Tallinn wartet das **Day Spa** auf gestresste Großstädter und Durchreisende. Das unweit der Tallinner Altstadt am Meer gelegene **Pirita Top Spa Hotel** bietet einen Tag im Spa mit Massage, Kräuterbad, Körperpeeling und -wrapping sowie Benutzung der Badelandschaft für 45 €. Bei Vilnius wartet die **Health Spa Oasis** im Le Meridien Villon Resort mit Sauna, Türkischem Dampfbad, Massagen und einer breiten Palette von Anwendungen auf Gäste.

❚ **Day Spa,** Vana-Posti 4, Tallinn, Tel. 641 8701, www.dayspaa.ee; tgl. 9–21 Uhr
❚ **Pirita Top Spa Hotel,** Regati pst. 1, Tallinn, Tel. 639 8822, www.topspa.ee
❚ **Baltic Beach Hotel,** 23/25 Juras Street, Majori, Tel. 777 1443, Fax 777 1420, www.balticbeach.lv

Wellness am Wasser

In Estland sind westliche Wellnesskonzepte am weitesten entwickelt, doch auch die Kurorte der Nachbarländer knüpfen mit neuem Sinn für Luxus an alte Traditionen an. In Litauen lädt, inmitten herrlicher Wälder gelegen, **Druskininkai** (S. 67; www.druskininkai.lt) mit Mineralquellen zu Bade- und Trinkkuren ein. Reichlich Gelegenheit zur Meerwasser- und Klimatherapie bieten die Sandstrände **Palangas** (S. 61; www.palanga.lt) und der **Kurischen Nehrung** (S. 58; www.neringainfo.lt). Auf die Heilkraft des Meerwassers und der mit Ionen angereicherten Luft setzt man auch im lettischen **Jūrmala** (S. 70; www.jurmala.lv), bekannt als »Baltische Riviera«. Wem die Ostsee zu kalt ist, der kann sich zur Unterwassermassage in den beheizten Zuber eines Spas begeben.

Kuraufenthalte in Lettland und Litauen kann man beim Veranstalter **Mare Baltikum Reisen** buchen (Eichenstr. 27, 20259 Hamburg, Tel. 0 40/49 41 11, www.mare-baltikum-reisen.de).

Für die **Hotelauswahl** gilt: Führt ein Haus die Begriffe »Sanatorium« oder »Rehabilitation« im Namen, verströmt es eher den Charme eines postsozialistischen Kurhotels. Doch winken auch hier Vorteile: Das Preisniveau ist in der Regel niedrig und die Betreuung qualifiziert. Investiert wurde überall, und so besitzen die neuen Spas in den alten Kurorten meist schöne Badelandschaften, die vom Wetter unabhängig machen.

Der Natur auf der Spur

Die Natur des Baltikums ist nahezu unberührt. Damit das so bleibt, wurden große Flächen in Nationalparks unter Schutz gestellt. An der Küste locken steile Klippen, endlose Sandstrände und die höchsten Dünen Europas; im Landesinneren erwarten den Besucher Hochmoore, Sumpfgebiete und dichte Wälder. Malerische Seenplatten und tiefe Flusstäler setzen Akzente in einer weiten, flachen Landschaft, in der verstreut einsame Gehöfte und prächtige Herrenhäuser liegen.

Geschichte in der Natur erleben

Seen und Flüsse prägen das Bild des **Aukštaitija-Nationalparks.** Auf seinem Gebiet liegen rund 80 Dörfer und Weiler, von denen viele ihre traditionelle Holzarchitektur bewahrt haben. Sie geben einen lebendigen Eindruck davon, wie das Leben der Landbevölkerung hier seit alters verläuft. Bei der Parkverwaltung kann man Räder und Boote mieten; sie bietet auch geführte Wanderungen und Angelausflüge an.

Die Pferdezucht hat in Litauen eine lange Tradition – berühmte Pferderassen haben in dieser Region ihren Ursprung. Im Reitzentrum des **Kurtuvėnai-Regionalparks** kann man sich Grundkenntnisse im Umgang mit Pferden aneignen und das Dressur- bzw. Springreiten erlernen. Auch Kutschfahrten, Ausritte und mehrtägige Reitausflüge durch die abwechslungsreiche Hügellandschaft des Parks sind im Angebot.

❚ **Aukštaitija-Nationalpark,** Palūšė, 4759 Bezirk Ignalina, Tel./Fax 386 52891, www.ignalina.lt
❚ **Kurtuvėnai-Regionalpark,** Parko 2, Kurtuvėnai, 80223 Bezirk Šiauliai, Tel./Fax 413 70336, (Reitzentrum Tel. 682 30745), www.kurtuva.lt

Stromschnellen und bizarre Felsformationen

Lettlands schönster Fluss, die Gauja, hat ein Urstromtal mit Schluchten, Höhlen und steilen Sandsteinfelsen ausgeformt, das einzigartige Naturerlebnisse bietet. Es liegt eingebettet in urwüchsige Wälder mit einer reichen Tier- und Pflanzenwelt. Der **Gauja-Nationalpark** (s. S. 82) ist ein Paradies für Wasserwanderer, lässt sich aber auch gut zu Fuß, zu Pferd oder per Fahrrad erkunden.Während der Fischsaison kann geangelt werden. Geführte Exkursionen organisiert das Besucherzentrum in Sigulda, dort bekommt man auch Tourenvorschläge und Auskunft über Boots- und Fahrradverleihe.

Verträumte Buchten, einsame Hochmoore

40 km östlich von Tallinn liegt eine Märchenlandschaft aus schroffer Küste, Kiefernwäldern, Mooren und Seen. Im **Lahemaa-Nationalpark** (s. S. 89) sind Seeadler, Luchse und Braunbären zu Hause. Vom Dorf Käsmu führt ein Lehrpfad durch Estlands größtes Findlingsfeld; bei Oandu und beim Gutshof Sagadi wurden Waldlehrpfade angelegt; ein Bohlenweg erschließt das Viru-Hochmoor. Radwege beginnen in Käsmu und Oandu. Das Besucherzentrum in Palmse bietet Karten, Diavorträge, Führungen und einen Fahrradverleih. Ausritte in den Lahemaa-Nationalpark (sechsstündige sowie zwei- bis dreitägige Touren) hat der **Reiterhof Kuusekännu** im Programm.

Neben feuchten Bruchwäldern und Auenwiesen sind Moorgebiete charakteristisch für den **Sooma-Nationalpark.** Zur Fauna zählen Luchse, Wölfe, Braunbären, Fischotter und 120 Vogelarten. Die Parkverwaltung organisiert geführte Wanderungen (Mai–Sept. jeweils Di). Kanufahrten im Nationalpark organisieren folgende Anbieter: **Aivar Ruukel,** Tel. 506 1896, www.soomaa.com, soomaa@soomaa.com; **Avo Hansberg,** Tel. 505 1113, www.loodusmatkad.ee, avo@loodusmatkad.ee; **Aivar Paas,** Tel. 504 9159, www.junsi.ee, aivar@junsi.ee; **Heitti Sosi,** Tel. 514 8751, www.veelaager.ee, heitti@hot.ee.

Ein besonderes Erlebnis sind die Saunawanderungen zu schwimmenden Saunen auf Booten mit wechselnden Standorten.

❚ Gauja-Nationalpark,
Baznīcas iela 3,
Sigulda,
Tel. 797 4006,
www.gnp.lv

❚ Lahemaa-Nationalpark, Gutshof Palmse,
Viitna, Tel. 95555,
Fax 95556,
www.lahemaa.ee
❚ Reiterhof Kuusekännu,
Loobu, Viitna post office,
45202 Kadrina, Lääne-Virumaa, Tel. 325 2942,
Fax 509 4460,
http://kuusekannu.
maaturism.ee
❚ Sooma-Nationalpark,
Besucherzentrum
beim Dorf Tirpu
im Wald gelegen.
Hier auch Buchung der
Sauna-Wanderungen;
Tel. 435 7164,
www.soomaa.ee

Drei Nationen, ein Lebensgefühl

Begeistert sind die Esten, Letten und Litauer nicht, wenn man sie als Balten bezeichnet. Obwohl sie Nachbarn sind, haben sie keine gemeinsame Geschichte und gehören in ganz unterschiedliche ethnische, sprachliche und kulturelle Zusammenhänge. Dies findet auch in Witzeleien Ausdruck, bei denen immer der andere die undankbare Rolle des Ostfriesen einnimmt: Die Esten werden dabei z. B. als stur und verschlossen geschildert, als Eigenbrötler mit wunderlichen Verhaltensweisen.

Doch bei allem Trennenden gibt es einen Umstand, der die drei Staaten vereint: Von jeher den Machtgelüsten starker Nachbarn ausgesetzt, waren sie zuletzt fast 50 Jahre lang Sowjetrepubliken. Die Supermacht regierte mit eiserner Hand – Zigtausende Balten wurden nach Sibirien verschleppt und die Opposition systematisch unterdrückt.

Wie sehr geteiltes Leid verbindet, bewies der 23. August 1989: Zwei Millionen Balten schlossen sich in einer von Tallinn nach Vilnius reichenden Menschenkette zusammen und demonstrierten gemeinsam für ihre Unabhängigkeit.

Die damalige Aufbruchsstimmung hält bis heute an. Vor allem die junge Generation ist so motiviert und tatendurstig, als hätte es den Sozialismus nie gegeben. Alles ist im Wandel begriffen; wer die Region mehrfach bereist, wird jedesmal Neues entdecken. Nach Jahrzehnten hinter dem Eisernen Vorhang hält das Baltikum manche Überraschung bereit: Inmitten fast unberührter Natur liegen prächtige Barockschlösser, Ordensburgen und alte deutschbaltische Herrensitze. Die liebevoll restaurierten Hauptstädte prunken mit architektonischen Schätzen von der Backsteingotik bis zum Jugendstil; Traditionsverbundenheit geht mit kultureller Experimentierfreude einher.

Ein noch weitgehend unbekanntes Stück Europa wartet auf Entdeckung – und das nur zwei Flugstunden von Deutschland entfernt.

Lage und Landschaft

Die baltischen Staaten nehmen den Nordwesten der Osteuropäischen Tiefebene ein. Zusammen sind sie etwa halb so groß wie Deutschland. Sie werden im Westen von der Ostsee, im Norden vom Finnischen Meerbusen, im Osten vom Baltischen Höhenrücken und im Süden von der Masurischen Seenplatte begrenzt. Das Baltikum zählt geopolitisch zu Osteuropa – Russland, Weißrussland, Polen und das zu Russland gehörende Gebiet Kaliningrad sind unmittelbare Anrainerstaaten.

Sein Landschaftsbild verdankt das Baltikum der letzten Eiszeit: Die abschmelzenden Gletscher hinterließen sanfte Moränenhügel, Findlingsfelder und malerische Seen, deren größter, der Peipus-See, in Estland liegt. Die

starke Inlandsvereisung brachte es mit sich, dass es so gut wie keine nennenswerten Erhebungen gibt: Der höchste Berg – oder besser Hügel – des Baltikums, der estnische Muna-mägi, bringt es gerade einmal auf 318 m. Hunderte von Flüssen durchziehen die Region; der bedeutendste ist die Daugava (Düna), der geschichtsträchtigste der Nemunas (Memel) und der schönste die Gauja mit ihrem herrlichen Urstromtal. Neben den Seen und Flüssen bilden vor allem die vielen Moore und urwüchsigen Wälder prägende Landschaftselemente.

Zu den eigentümlichsten Küstenregionen gehört die Kurische Nehrung in Litauen mit ihren gigantischen Wanderdünen. Endlose Sandstrände mit unterschiedlich breiten Dünengürteln säumen die lettische Ostseeküste. Die estnische Küste ist überwiegend stark zerklüftet; sie birgt einsame Buchten mit malerischen Fischerdörfern, denen eine schärenartige Inselwelt vorgelagert ist. Im Norden fallen die Kalkwände der Glintküste senkrecht ins Meer ab.

Klima und Reisezeit

Im Baltikum treffen kontinentale und maritime Klimaeinflüsse zusammen: Man muss sich auf plötzliche Wetterwechsel gefasst machen. Im Sommer kann es sehr warm werden; Regenkleidung gehört dennoch unbedingt ins Gepäck.

Die Übergangsjahreszeiten sind kurz und mild, die Winter lang (Okt. bis April) und sehr kalt: Bis auf −25 °C kann das Thermometer sinken. In Estland ist der Einfluss polarer Luftmassen stärker, was etwas niedrigere Durchschnittstemperaturen als im übrigen Baltikum mit sich bringt.

Die beste Reisezeit sind die Monate Mai bis September. Ein eindrucksvolles Naturschauspiel bieten die »weißen« Dämmernächte des Juni. In Estland verschwindet die Sonne dann nur für kurze Zeit. Von Anfang September bis Mitte Oktober lässt der Herbst die Wälder rotgolden erstrahlen. Im Winter laden die baltischen Hauptstädte zu Kurztrips ein: Ein Frostrand steht Tallinn, Vilnius und Rīga gleichermaßen gut; und es gibt genügend Museen und Cafés zum Aufwärmen.

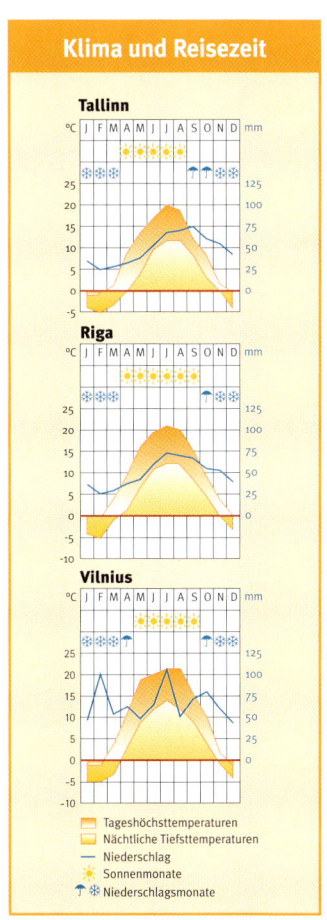

Klima und Reisezeit

Tallinn

Riga

Vilnius

Tageshöchsttemperaturen
Nächtliche Tiefsttemperaturen
Niederschlag
Sonnenmonate
Niederschlagsmonate

Natur und Umwelt

Breite Sandstrände, das kurische Haff, feuchte Auwiesen, Moore und urwüchsige Wälder: Die baltischen Länder sind reich an unberührter Natur. Ein gutes Drittel des Staatsgebietes bedecken dichte Forste, deren Beeren- und Pilzreichtum sprichwörtlich ist. Sie bieten Lebensraum für eine mannigfaltige Fauna: Außer Rothirschen, Rehwild und Wildschweinen sind hier auch bedrohte Tierarten wie Elche, Wölfe, Luchse und Braunbären zu Hause. An den Ufern der fischreichen Gewässer leben Biber und Fischotter. Das Baltikum ist ein Vogelparadies: Mehr als 400 Arten werden hier im Sommer gezählt, darunter Kraniche, Moorhühner, Schnepfen, Kiebitze und der seltene Goldregenpfeifer. In Lettland brütet Europas größte Weißstorchpopulation.

Die Idylle trügt jedoch zuweilen: Die sowjetische Besatzung hat immense Umweltprobleme hinterlassen. In Litauen hängt ein Atomreaktor vom Typ Tschernobyl am Netz – in unmittelbarer Nachbarschaft zum größten Nationalpark des Landes. Der Ölschiefer- und Phosphorabbau hat in Estland starke Luftverschmutzung und gravierende Waldschäden verursacht. Auch das Meer ist nicht an allen Abschnitten der baltischen Küste so sauber, wie man es sich erträumt.

Das Umweltbewusstsein der Balten ist dennoch hoch entwickelt: Nicht umsonst pflanzten zum Beispiel die Esten zur Feier ihres EU-Beitritts über das ganze Land verteilt 1 Mio. Bäume. Selbst die Unabhängigkeitsbewegung entstand zunächst aus ökologischen Initiativen. So reglementieren heute Umweltgesetze die Holzwirtschaft, mit der viel Geld verdient wird. Sie sollen nicht nur die Nachhaltigkeit dieses Wirtschaftszweigs sichern, sondern auch die herrliche Natur des Baltikums schützen.

Schwierige Verständigung – Russen im Baltikum

Als Repräsentanten einer verhassten Besatzungsmacht waren die Russen im Baltikum stets Anfeindungen ausgesetzt. Dennoch blieben viele nach der Unabhängigkeit, weil die Rückkehr in die Heimat eine wirtschaftliche Verschlechterung bedeutet hätte. Ein Großteil der Russen unterstützte den baltischen Freiheitskampf, doch auch das machte sie nicht beliebter: So wurde und wird ihnen in Estland und Lettland die Einbürgerung bewusst erschwert – vor allem durch knallharte Sprachprüfungen. Wiewohl es selten handgreifliche Zwischenfälle zwischen den Bevölkerungsgruppen gibt, leben sie isoliert voneinander. »Mit denen spricht man nicht«, lautet eine häufig anzutreffende Haltung. Ohnehin ist die Verständigung schwierig, weil viele ältere Russen sich nach Jahren im Baltikum noch immer ausschließlich auf ihre Muttersprache verlassen. Und dass v. a. in Rīga immer mal wieder russische Rentner auf die Straße gehen, um die Wiederherstellung der Sowjetunion zu fordern, trägt auch nicht zur Entspannung der Verhältnisse bei. Dennoch: Die nachwachsende Generation junger »Eurorussen« beherrscht die jeweilige Landessprache und setzt bewusst auf Integration.

Untereinander verständigen sich junge Balten meist auf Englisch

Vielfalt der Nationen

Die politische Entwicklung des 20. Jhs. – die Massendeportationen nach Sibirien ab 1941, die Emigrationswelle nach dem Zweiten Weltkrieg und die Verschleppung Zigtausender Balten während der Sowjetzeit – haben die Bevölkerungsstruktur der baltischen Republiken stark beeinflusst.

Deutsche gibt es heute kaum noch, obwohl sie die Region maßgeblich prägten: Im 13. Jh. errichteten deutsche Kreuzritter im heutigen Estland und Lettland einen Ordensstaat. Daraus ging eine deutschbaltische Oberschicht aus Adeligen, Kaufleuten und Handwerkern hervor, die sich ihre Privilegien bis in die Zarenzeit erhalten konnte. Nach dem Ersten Weltkrieg (s. S. 19) wurden alle deutschen Großgrundbesitzer enteignet. Die Geschichte der Deutschen im Baltikum endete mit dem Hitler-Stalin-Pakt und Hitlers Parole »Heim ins Reich«. Die baltischen Staaten wurden der Sowjetunion überlassen und alle Deutschen nach Westen umgesiedelt.

Um die annektierten Gebiete gleichzuschalten, siedelte Moskau ab 1944 gezielt Sowjetbürger an. Mit Erfolg: Die Letten stellen im eigenen Land heute nur knapp die Mehrheit; in Estland sind fast 30 % der Bevölkerung Russen. Einzig in Litauen besitzen fast alle Einwohner einen litauischen Pass.

Insgesamt sind die Bevölkerungszahlen in allen drei Ländern rückläufig. Die Gründe dafür sind Auswanderung – allein in Litauen emigrierten seit der Wende über 200 000 junge Leute –, die Rückkehr von Russen in ihre Heimat sowie niedrige Geburtenraten: Lettland und Estland zählen weltweit zu den zehn Ländern mit dem niedrigsten Bevölkerungswachstum.

Seit die Grenzen durchlässig sind, ist es üblich geworden, im Nachbarstaat zu wohnen und zu arbeiten. So leben in Estland viele Finnen, während sich in Litauen geschichtlich bedingt eher Polen ansiedeln.

Obwohl Deutschland im Zweiten Weltkrieg mit Massendeportationen und -ermordungen unter den Juden furchtbares Unheil anrichtete, hat die Sowjetzeit viele schlechte Erinnerungen überlagert. Im Baltikum schlägt man den historischen Bogen etwas weiter zurück und knüpft lieber an die alte Verbindung nach Deutschland als an die jüngere nach Russland an.

Renaissance der Religion

Auch in der Religion lassen sich die drei Staaten, die als letzte Völker Europas zum Christentum bekehrt wurden, nicht über einen Kamm scheren:

Steckbriefe

Estland
- **Fläche:** 45 227 km²
- **Einwohner:** 1,35 Mio.; davon 68 % Esten; 25,7 % Russen, 2,1 % Ukrainer, 1,2 % Weißrussen, 0,9 % Finnen, 1,1 % andere.
- **Bevölkerungsdichte:** 30 Einw./km²
- **Hauptstadt:** Tallinn (396 000 Einw.)
- **Bruttoinlandsprodukt:** 6693,50 €/Kopf
- **Arbeitslosenquote:** 9,7 %

Lettland
- **Fläche:** 64 597 km²
- **Einwohner:** 2,3 Mio.; davon 59 % Letten, 29 % Russen, 4 % Weißrussen, 3 % Ukrainer, 2,5 % Polen, 1 % Litauer.
- **Bevölkerungsdichte:** 37 Einw./km²
- **Hauptstadt:** Rīga (733 000 Einw.)
- **BSP:** 4742 €/Kopf
- **Arbeitslosenquote:** 8,6 %

Litauen
- **Fläche:** 65 000 km²
- **Einwohner:** 3,4 Mio.; davon 83,5 % Litauer, 6,3 % Russen, 6,7 % Polen, 3,5 % andere.
- **Bevölkerungsdichte:** 53 Einw./km²
- **Hauptstadt:** Vilnius (553 000 Einw.)
- **BSP:** 5983 €/Kopf
- **Arbeitslosenquote:** 11,3 %

Während Estland und Lettland protestantisch geprägt sind, bekennt sich ein Großteil der Litauer zum katholischen Glauben. Die Erklärung hierfür liefert die Geschichte: Estland und weite Teile Lettlands standen im Mittelalter unter deutscher und dänischer, seit dem 16. Jh. dann unter schwedischer Herrschaft. Die Reformation erhielten sie quasi als Dreingabe. Litauen hingegen wurde durch den Zusammenschluss mit Polen im 14. Jh. ein katholisches Land. Selbst unter sowjetischer Besatzung behielt die Religion dort ihren hohen Stellenwert im Alltag der Bevölkerung.

Generell wurde den Balten zusammen mit dem Sozialismus auch der Atheismus verordnet; Gotteshäuser wurden geschlossen oder zweckentfremdet. Nach der Unabhängigkeit hatten es die Kirchen schwer, mit ihrem Eigentum auch die verlorenen Schäfchen zurückzugewinnen. Vor allem junge Leute haben wenig Bezug zur Religion. Anders sieht es bei der älteren Bevölkerung aus – und eben in Litauen. Langsam gewinnen die Kirchen wieder an Einfluss, und auch bei der russischen Bevölkerung findet der orthodoxe Glaube neue Anhänger.

Baltische Sprachverwirrung

Die baltischen Sprachen sind allesamt sehr schwer zu lernen, unterscheiden sich aber ansonsten erheblich voneinander. Das Estnische weist als finno-ugrische Sprache Verwandtschaft mit dem Finnischen und dem Ungarischen auf, Lettisch und Litauisch gehören zum baltischen Zweig der indoeuropäischen Sprachfamilie, dessen letzte lebende Idiome sie sind. Die Balten verständigen sich untereinander auf Russisch, junge Leute oft auf Englisch.

Die Litauer sind vergleichsweise religiös

weniger als 400 € (Estland: 476 €, Lettland: 318 €, Litauen: 377 €). Die Arbeitslosigkeit liegt im Schnitt bei 10 %, in ländlichen Gegenden erreicht sie die 30 %-Marke. Der russische Markt ist als Hauptabsatzgebiet für baltische Produkte weggebrochen. Estland hat jedoch in Finnland und Schweden neue Wirtschaftspartner gefunden; Litauen kooperiert verstärkt mit Polen. Lettland profitiert von seinen Wirtschaftsbeziehungen mit Deutschland und von zurückkehrenden Exilanten, die ihr in Kanada oder den USA verdientes Geld in der Heimat investieren. Wichtigstes Wirtschaftsgut ist Holz – neben Textilien, Maschinen, Elektrogeräten und Metallwaren. In Estland gewinnt die Informations- und Kommunikationstechnologie an Bedeutung. Litauen besitzt die einzige Erdölraffinerie des Baltikums.

Immer wichtiger wird der Tourismus. Urlauber erwartet ein relativ

Dass nur wenige Ausländer ihre schwierigen Sprachen beherrschen, lässt den Balten kaum eine andere Wahl, als ihrerseits Fremdsprachen zu erlernen. Urlauber können sich daher fast überall auf Englisch verständigen; im touristischen Bereich wird vielfach auch Deutsch gesprochen.

Wirtschaft

Estland, der »baltische Tiger«, war wirtschaftlich gesehen der Musterknabe unter den EU-Beitrittskandidaten, Lettland hingegen das Sorgenkind. Dank der Einordnung des Neumitglieds in die höchste Förderstufe fließen jetzt vermehrt Subventionen aus Brüssel nach Riga. Litauen, das nach der Wende hinter Estland und Lettland zurückgefallen war, rappelte sich auf und zählte vor dem EU-Beitritt zu den am schnellsten wachsenden Volkswirtschaften in Europa. Dennoch: Das durchschnittliche Monatsgehalt im Baltikum beträgt

Estl@nd online

Sie können sich ein Leben ohne Mobiltelefon und Internet nicht vorstellen – wie sonst wäre zu erklären, dass von 1,35 Mio. Esten 93 % ein Handy besitzen, 55 % das Internet nutzen und 72 % online auf ihre Konten zugreifen? Und das ist noch nicht alles: Per SMS lassen sich Autofahrer in Tallinn benachrichtigen, wenn ihre – ebenfalls per SMS gebuchte – Parkzeit abläuft. Und Esten können live die Parlamentssitzungen ihrer Volksvertreter im Internet verfolgen. Die wiederum votieren per Mausklick – und arbeiten weitgehend ohne Papier.

niedriges Preisniveau, vor allem abseits touristischer Brennpunkte. In den Hauptstädten dagegen nähern sich die Preise zunehmend westeuropäischen Verhältnissen an.

Politik

Seit Mai 2004 gehören die baltischen Republiken zur EU. So unterschiedlich Lettland, Estland und Litauen auch sind – die Entschlossenheit, mit der sie sich von ihrer sowjetischen Vergangenheit lösten und Europa zuwandten, eint alle drei. Nach der Unabhängigkeit stürzten die Lenin-Denkmäler gleich reihenweise von ihren Sockeln. Alle drei Staaten bekannten sich zur parlamentarischen Demokratie. Seither stehen die Zeichen auf Aufbruch: Trotz wirtschaftlicher Schwierigkeiten ist Politikverdrossenheit kein Thema. Man interessiert sich, mischt sich ein – wie das estnische Topmodel Carmen Kass, das an einer politischen Karriere bei der konservativen Regierungspartei Res publica bastelt. Für einen Sitz im EU-Parlament reichte es zunächst zwar nicht, doch sie bleibt dabei: Sie möchte ihrer Heimat etwas zurückgeben und versuchte als nächstes, die Schacholympiade 2008 nach Tallinn zu holen – vergeblich. Die Endzwanzigerin war keinesfalls eine Früheinsteigerin – die meisten estnischen Minister sind kaum zehn Jahre älter.

Im gesamten Baltikum nimmt man Abschied von alten Strukturen: Lettland stellte mit Indulis Emsis bis Oktober 2004 den ersten grünen Ministerpräsidenten der EU. In Litauen wurde 2004 Präsident Roland Paksas wegen Landesverrat abgesetzt. Er hatte einem russischen Freund mit Mafia-Hintergrund den litauischen Pass verkauft, was ihn das Amt kostete.

Geschichte im Überblick

Frühe Besiedelung

4000 v. Chr. Finno-ugrische Völker wandern ins Gebiet des heutigen Estland ein.
2500 v. Chr. Indogermanische Stämme besiedeln das Gebiet des heutigen Lettland und Litauen.
100–600 n. Chr. Der Bernsteinhandel mit dem Mittelmeerraum erlebt eine Blüte, Raubzüge der Wikinger an die Ostseeküste.

Zeit der Kreuzritter und der Hanse

1180 Kaufleute der Hanse errichten Handelsposten im Baltikum.
1200 Kreuzfahrerheere landen an der Daugava.
1201 Der Bremer Bischof Albert von Buxhoeveden gründet Rīga.
1202 Gründung des Schwertbrüderordens zur Missionierung des heutigen Estland und Lettland.
1219–27 Bischof Albert ruft die Dänen zu Hilfe, die die Festung Reval (heute Tallinn) errichten.
1236 Bei Šiauliai schlagen die Litauer die Kreuzritter und entgehen so der deutschen Besatzung.
1250 Fürst Mindaugas vereinigt die litauischen Stämme, lässt sich aus taktischen Gründen taufen und wird mit päpstlichem Segen König.
1385 Union Litauens mit Polen. Das Land wird zu einer europäischen Großmacht.
1410 Schlacht bei Tannenberg: Der Deutsche Orden wird von Polen-Litauen vernichtend geschlagen.

Russische, polnische und schwedische Herrschaft

Ab 1523 Reformation in Rīga, Reval und Tartu.

1558–82 Mit dem Großangriff Iwans des Schrecklichen beginnt der livländische Krieg, der mit dem Zerfall des Ordensstaats endet. Nordestland und Reval werden schwedisch; Dänemark erwirbt Saaremaa und einen Teil Westkurlands; Livland schließt sich Polen an.

1600–29 Polnisch-schwedischer Krieg; Estland und weite Teile Lettlands geraten unter schwedische Herrschaft.

1710 Beginn der Zarenzeit im Baltikum, die 200 Jahre andauert.

Zeit des »Nationalen Erwachens«

1816–19 In Estland, Kurland und Livland wird die Leibeigenschaft aufgehoben.

1869 Erstes estnisches Sängerfest in Tartu; vier Jahre später erstes lettisches Sängerfest in Rīga.

1905 Die russische Revolution greift auf das Baltikum über.

1917/18 Estland, Lettland und Litauen erklären ihre Unabhängigkeit. Die Freiheitskriege dauern zwei Jahre.

1922 Aufnahme der baltischen Staaten in den Völkerbund.

Zweiter Weltkrieg

1939 Hitler-Stalin-Pakt; das Baltikum wird in einem geheimen Zusatzprotokoll der Sowjetunion überlassen. Umsiedlung der Deutschbalten.

1940 Die Rote Armee besetzt das Baltikum; Annexion Estlands, Lettlands und Litauens als Sowjetrepubliken. Massendeportationen nach Sibirien.

1941–44 Deutsche Besatzung; Massenmord an der jüdischen Bevölkerung.

1944 Rückkehr der Roten Armee.

Russische Besatzung

1945–56 Zwangskollektivierung der Landwirtschaft und Russifizierung; Verschleppung von 200 000 Balten nach Sibirien.

1983 Die Wortführer der baltischen Opposition werden in Arbeitslager gesteckt.

1986 In verschiedenen Umweltbewegungen wird die Forderung nach Unabhängigkeit laut.

1987 Erste öffentliche Proteste gegen die Besatzer.

Der Weg in die Unabhängigkeit

1989 Zum Gedenken an den Hitler-Stalin-Pakt wird am 23. August eine 600 km lange Menschenkette von Tallinn nach Vilnius gebildet.

1990 Litauen erklärt seine Unabhängigkeit.

1991 Nach dem Moskauer Augustputsch erklären Estland und Lettland ihre Unabhängigkeit. Am 6. Sept. Anerkennung der drei baltischen Republiken durch die Sowjetunion; am 17. Sept. Aufnahme in die UNO. Rund 1,5 Mio. Russen bleiben im Baltikum.

1993–99 Die sowjetischen Truppen verlassen die baltischen Staaten.

2003 In allen drei Republiken werden Referenden zum EU-Beitritt durchgeführt.

1. Mai 2004 Beitritt der baltischen Staaten zu Nato und EU.

13. April 2005 In Estland wird eine neue Koalitionsregierung unter Andrus Ansip vereidigt.

1. Juni 2006 Rücktritt der litauischen Regierung.

18. Juli 2006 Neue litauische Minderheitsregierung aus Mittel-links-Parteien unter Gediminas Kirkilas.

Kultur gestern und heute

Nach Jahrhunderten der Fremdbestimmung konnten die baltischen Staaten erst im 19. Jh. eine eigene Identität entwickeln. Die geografische Lage zwischen Ost und West und die ethnische Vielfalt haben ihre Kultur in allen Bereichen geprägt – am augenfälligsten wird dies an der Architektur der Städte. Dass die Balten als letzte europäische Völker zum Christentum fanden, bedeutet auch, dass vorchristliche Mythen und Gesänge hier lebendiger blieben als anderswo. Noch während der Sowjetzeit stellte diese mündliche Überlieferung eine Gegenwelt dar, in die man sich aus dem sozialistischen Alltag flüchtete.

Neue Töne aus dem Norden

Musik ist den Balten so wichtig wie die Luft zum Atmen. Entsprechend viele baltische Tonkünstler haben es auf die Bühnen der Welt geschafft – vor allem im Bereich der Klassik. Sie greift vielfach auf Lieder und Chorgesänge zurück, die tief in der baltischen Volkskultur wurzeln (s. S. 6 f.).

Klassiker der Moderne
Wichtigster zeitgenössischer Komponist ist **Arvo Pärt** (geb. 1935), der die ersten estnischen Zwölftonstücke schrieb und sich später der sakralen Musik zuwandte. Probleme mit dem Kulturdiktat der Sowjets bewogen ihn zur Ausreise; seit den 1980er Jahren lebt Pärt in Berlin. Zu seinen Hauptwerken zählen die »Collage über B.A.C.H« (1964), »Für Alina« (1976), die Johannes-Passion (1981/82) und die »Berliner Messe« (1991).

Sein Landsmann **Erkki-Sven Tüür** (geb. 1959) begann als Autodidakt und Rockmusiker. In seinen Werken kombiniert er Rockelemente mit Klassik und Volksmusik. Der Zyklus »Architectonics« entstand über zehn Jahre hinweg und dokumentiert die Entwicklung von Tüürs Tonsprache.

Berühmtester baltischer Musiker ist der aus Rīga stammende Violinist **Gidon Kremer** (geb. 1947). Als international gefeierter Star gewährte ihm die Sowjetunion 1977 uneingeschränkte Reisefreiheit. 1997 gründete Kremer mit jungen Talenten aus dem Baltikum das Kammerorchester »Kremerata Baltica«, das Gastspiele in der gesamten Welt gibt.

Jazz und Pop
Zu den großen Namen des Jazz zählen der Gitarrist **Juozas Milašius** aus Litauen, der 2002 seine Solo-CD »j.m.eilė« herausbrachte, und die estnische Sängerin und Komponistin **Hedvig Hanson,** die ihre Klangwelten zweisprachig errichtet. Natürlich gibt es im Baltikum auch Popmusik: **Tanel Padar** und **Dave Benton** gewannen 2001 den Grand Prix d'Eurovision für Estland. **Marie N.,** studierte Juristin aus Rīga, siegte 2002 mit einer Eigenkomposition. Auch die lettische Popgruppe **Brainstorm** verdiente sich beim Europäischen Schlagerwettbewerb erste Lorbeeren.

Architektur

Vereinfacht lässt sich sagen, dass in Lettland und Estland die hanseatische Backsteingotik dominiert; im katholischen Litauen hingegen der Barock. Dessen bedeutendste Schöpfungen sind dem Petersburger Hofarchitekten **Bartolomeo Francesco Rastrelli** (1700 bis 1771) zu verdanken. Rīga besitzt

Vor allem Litauen tut sich mit barocker Kirchenarchitektur hervor (Heiliggeist, Vilnius)

zudem einen in Europa einzigartigen Schatz an Jugendstilbauten. **Michael Eisenstein** (1867–1921) ist in dieser Stilepoche als herausragender Architekt zu nennen (s. S. 43, 44).

Literatur

Eine eigenständige baltische Literatur entwickelte sich erst im 19. Jh., als mit dem Erwachen nationalen Bewusstseins vor allem Volksgutsammlungen und patriotische Lyrik veröffentlicht wurden. Als litauisches Nationalepos gilt die Versdichtung »Die Jahreszeiten« von **Kristijonas Donelaitis** (1714 bis 1780). Lettland erkannte sich in dem Versepos »Der Bärentöter« von **Andrejs Pumpurs** (1841–1902) wieder. Sein estnisches Pendant ist der von **Friedrich R. Kreuzwald** (1803–1882) zusammengestellte »Kalevipoeg«.

Klassiker der baltischen Literatur schufen die lettischen Brüder **Reinis** (1839–1920) und **Matīss** (1848–1926) **Kaudzīte** mit dem Roman »Die Zeit der Revisoren«, der litauische Dichter **Maironis** (1862–1932) mit der Gedichtsammlung »Frühlingsstimmen«

und der Este **Anton Tammsaare** (1878 bis 1940) mit dem Roman »Wahrheit und Gerechtigkeit«. Als lettischer Nationaldichter gilt **Jānis Rainis** (1865 bis 1929), der nicht nur Dramen wie »Feuer und Nacht« und »Daugava« schrieb, sondern auch Mitbegründer der sozialdemokratischen Partei war. Nach Jahren im Exil bis 1920 wurde er erster Kultusminister des unabhängigen Lettland.

Deutschbaltische Eindrücke

Eduard von Keyserling (1855–1918), ein Vertreter der literarischen Décadence, wurde auf Schloss Paddern bei Hasenpoth (Aizpute) in Kurland als Spross einer alten Adelsfamilie geboren. Seine Romane – z. B. »Wellen« (1911; Steidl, dtv) oder »Fürstinnen« (1917; dtv) – erzählen vom Leben der deutschbaltischen Oberschicht.

Als Sohn eines armen Bierbrauers hatte **Hermann Sudermann** (1857 bis 1928) einen anderen Blick auf die Welt. Der in Matzicken im Memelland geborene Autor zahlreicher Gesellschaftsdramen erzählte u. a. »Die Reise nach Tilsit und andere litauische Geschichten« (1917; Langen Müller).

Schreiben trotz Zensur

Die Eingliederung ins Sowjetreich wurde mit einer Phase des Schweigens quittiert; erst nach dem Ende der Stalin-Ära kam wieder Bewegung ins geistige Leben – für viele Literaten führte diese allerdings ins Exil. Die Werke des Litauers **Jurgis Kuncinas** (1947–2002) waren in seiner Heimat verboten; der Roman »Mobile Röntgenstationen« (1998, Athena-Verlag; auch dt.) feierte im Ausland jedoch Erfolg.

Anderen Autoren gelang die Gratwanderung: Als bedeutendster zeitgenössischer Schriftsteller gilt der Este **Jaan Kross** (geb. 1920), dessen historische Romane auch in Deutschland ein breites Publikum gefunden haben. In »Der Verrückte des Zaren« zeichnet Kross das Leben des deutschbaltischen Adligen Timotheus von Bock im Estland des 19. Jhs. »Professor Martens Abreise« schildert die Probleme von Intellektuellen in einem autoritären System. Jaan Kross wurde mehrfach für den Literatur-Nobelpreis vorgeschlagen.

Zeitgenössische Stimmen

Unter den jüngeren Autoren ragt **Jurga Ivanauskaité** hervor. Ihr Roman »Die Regenhexe« sorgte 1993 für einen literarischen Skandal. Die 1961 in Vilnius geborene Schriftstellerin erzählt darin die Geschichte dreier Frauen, die die Liebe als destruktive Schicksalsmacht erleben. Dass dabei gesellschaftliche und v. a. religiöse Tabus gebrochen werden, erschwerte die Rezeption der »Regenhexe« im katholischen Litauen. Als große Begabung gilt auch **Renata Serelyte.** In »Sterne der Eiszeit« setzt die 1970 geborene Autorin der Tristesse litauischen Landlebens zur Sowjetzeit die schillernde Bohème des postkommunistischen Vilnius entgegen.

 In seinem Roman »Das Tal der Issa« (Suhrkamp) und dem Erinnerungsbuch »Die Straßen von Wilna« (Hanser) lässt der polnisch-litauische Nobelpreisträger **Czeslav Milosz** (1911 bis 2004) die Welt seiner Kindheit wieder auferstehen. Als weiterer Tipp: **Eugenijus Alisanka,** »Aus ungeschriebenen Geschichten: Gedichte in zwei Sprachen«, DuMont 2005.

Moderne Kunst und alte Meister

Der Aufbruch nach der Unabhängigkeit hat eine junge Künstlergeneration geradezu beflügelt. Dennoch: Kunst kostet Geld, und daran fehlt es in den baltischen Ländern. Entsprechend wenige Sammler und Galerien gibt es, und auch der Staat kann sich für die Förderung der Künste kaum engagieren. Das führte nach erster Begeisterung über die neue Freiheit vielerorts zur Ernüchterung. Langsam entstehen aber neue Foren. Vilnius besitzt mit dem **Contemporary Arts Centre (CAC)** das wichtigste baltische Zentrum für moderne Kunst. Hier stellen nicht nur einheimische Künstler aus – wie **Gediminas Urbonai,** der zusammen mit seiner Frau **Nomeda** als erster baltischer Künstler auf der *documenta* vertreten war –, sondern auch Vertreter der internationalen Kunstszene.

Zu den bedeutendsten Vertretern der Vergangenheitskunst zählen in Lettland der Holzschnitzer **Nicolaus Soeffrens,** der in Liepāja und Kuldīga (s. S. 74 u. 75) wahre Meisterwerke hinterließ, sowie der Landschaftsmaler **Vilhelms Purvītis** (1872–1945), dessen Bilder auch in europäischen Museen hängen. Hauptvertreter des lettischen Jugendstils ist **Jānis Rozentāls** (1866–1916), der standesgemäß in der Albertstraße in Rīga lebte und arbeitete. Der Bildhauer **Kārlis Zāle** (1888–1942) entwarf u. a. das Freiheitsdenkmal in Rīga.

Mikalojus Konstantinas Čiurlionis, 1875 im litauischen Varėna geboren, hob als Maler und Musiker die Grenzen zwischen den Künsten auf. Seine Bilder komponierte er nach musikalischen Gesetzen. Sinfonische Dichtungen wie »Im Walde« (1901), das die eigenständige Musikgeschichte Litauens begründete, lassen seine Liebe zum traditionellen Volkslied erkennen, seine Gemälde, denen er sich von 1910 an ausschließlich widmete, die Nähe zur Mythologie. Als er 1911 35-jährig starb, hinterließ er 300 Gemälde. Sein Werk ist in dem nach ihm benannten Nationalmuseum in Kaunas ausgestellt; in Druskininkai kann sein Geburtshaus besichtigt werden (S. 67).

Feste & Veranstaltungen

Den ganzen Sommer über finden im Baltikum Musikfestivals statt. Die wichtigsten sind im Special auf Seite 7 aufgeführt.

▪ **März: Kazimir-Tag,** Volksfest in Vilnius zu Ehren des litauischen Schutzpatrons (Anf. März).

▪ **Mai: Internationales Folklorefestival** in den Höfen der Altstadt von Vilnius (Ende Mai).

▪ **Mai/Juni: Deutsche Kulturtage** in Klaipėda, Gastspiele, Konzerte, Ausstellungen und Lesungen.

▪ **Juni: Johannisfest** (24. Juni): Die Mittsommernacht wird im ganzen Baltikum mit Sonnwendfeuern, Tanz und besonderen Speisen gefeiert; **Baltisches Mittelalterfestival** in Cēsis (Mitte Juni, www.cesis.lv).

▪ **Juli:** Große **Sängerfeste** (Anf. Juli; s. Special S. 6). Das **internationale Folklorefestival »Baltica«** wird jährlich wechselnd in einer der drei Hauptstädte ausgetragen (Vilnius 2008, Rīga 2009, Tallinn 2007); **Biersommer** (»Ollesummer«) in Tallinn: Das größte Bierfest des Nordens (1. Julihälfte); **Mittelalterliche Markttage** in Tallinn, Präsentation alter Handwerke auf dem Rathausplatz (1. Julihälfte); **Meeresfest** in Klaipėda: Wassersport, Regatten und Konzerte (Ende Juli, www.svente.lt); **Hansetage** in Tartu mit Ritterspielen (Mitte Juli, www.tartu.ee).

▪ **August: Wikingertage** in Käsmu (Anf. Aug.); **Hafenfesttage** in Kuressaare mit maritimen Wettbewerben (2. Augustwochenende); **Fest mittelalterlicher Handwerkskunst** in Nida, Litauen; das **Fest der Weißen Dame** in der Burg von Haapsalu beschwört Estlands berühmtesten Geist (erstes Augustwochenende).

▪ **September: Internationale Stadtfesttage** in Vilnius: Musik- und Sportveranstaltungen, Ausstellungen und Gastspiele, Handwerkermarkt auf dem Rathausplatz (www.vilniusfestivals.lt); **Internationales Filmfestival »Arsenals«** in Rīga (Mitte–Ende Sept.).

▪ **November: Filmfestival »Schwarze Nächte«** in Tallinn (Ende Nov.–Mitte Dez., www.poff.ee); **Internationales Jazzfestival »Vilnius City Jazz«** (www.vilniusfestivals.lt).

▪ **Dezember: Weihnachtsmärkte** in den Hauptstädten. Einem alten Brauch folgend, wird am 23. Dez. das alte Jahr in Form von Holzscheiten symbolisch verbrannt.

Weitere Feste und Infos unter www.baltikuminfo.de.

Essen und Trinken

Von Borschtsch bis Heringsparfait

Die deftige und bodenständige baltische Küche umfasst viele Gerichte, die gemeinhin als typisch deutsch gelten: In Estland z. B. Sauerkraut *(hapukapsas)* – gerne als Beilage zu einem geschmorten Schweinebraten *(sea praad)* – und Sülze *(sült)*. Auch Blutwurst *(verivorst)* wird häufig aufgetischt, und Kartoffeln *(kartulid)* dürfen bei keiner warmen Mahlzeit fehlen. Derlei Vorlieben gehen auf die deutschbaltische Vergangenheit zurück. Daneben gibt es auch Berührungspunkte mit der skandinavischen Küche: Preiselbeermarmelade *(pohlamoos)* kommt nicht nur aufs Frühstücksbrot, sondern verleiht auch deftigen Speisen einen süßen Akzent. Weitere Lieblingsgerichte der Esten sind Kalbfleisch in Aspik, Kalbsbraten sowie Heringssalat mit Roter Beete und Rindfleisch *(rossolje)*. Eine wichtige Rolle in der Küche spielt geräucherter Fisch – vor allem Hering und Strömling. Als besondere Delikatesse gilt Heringsparfait.

Lettische Nationalgerichte sind Graue Erbsen mit Speck und Hefeteigtaschen mit unterschiedlichen Füllungen. Die lettische Sauerkrautsuppe *(skābu kāpostu zupa)* wird mit Gemüse, Speck und Sauerrahm angereichert, die Sauerampfersuppe mit gekochtem Schweinefleisch, Kartoffeln, Eiern und saurer Sahne. Die meisten Hauptgerichte basieren auf Schweinefleisch mit Kartoffeln in unterschiedlichen Zubereitungen.

Obwohl sie erst im 18. Jh. nach Litauen kam, ist die Kartoffel hier besonders beliebt. In kaum einem anderen Land wird sie auf so vielfältige Weise zubereitet. Kartoffelpfannkuchen *(bulviniai blynai)*, Kartoffelpuffer *(kugelis)* und das Nationalgericht *cepelinai* – mit Fleisch oder Käse gefüllte Kartoffelklöße – sollte man unbedingt probieren. Selbst Würste sind hier manchmal mit Kartoffeln gefüllt – *vėderai* nennt sich diese Spielart.

Die Sowjetzeit blieb auch für die baltische Küche nicht folgenlos. *Borschtsch,* eine Suppe aus Roter Beete, Kartoffeln, Ei und Sauerrahm, steht ebenso häufig auf dem Speiseplan wie *Soljanka, Schaschlik* oder *pelmeņi* – russische Maultaschen.

Im Baltikum versteht man zu backen. Köstliches dunkles Brot bekommt man überall; in Lettland und Litauen ist es oft mit Kümmel aromatisiert. Das Frühstück ist herzhaft und umfasst neben Rührei und Pfannkuchen oft auch Fisch und Würstchen. Warme Mahlzeiten sowohl mittags wie abends sind üblich; die Essenszeiten unterscheiden sich dabei nicht von unseren.

Essen gehen

Die Hauptstädte warten längst mit Restaurants aller Nationalitäten, mit niveauvollen Restaurants und Erlebnisgastronomie auf. Ein Essen in einem einheimischen Traditionslokal sollte dennoch unbedingt auf dem Programm stehen: Obwohl viele Völker die baltische Küche beeinflussten, hat sie natürlich auch eigene Spezialitäten entwickelt. Sie geraten den Küchenchefs meist besser als ihre ambitionierten, aber oft noch ungeübten Versuche, es mit der internationalen Küche aufzunehmen.

Vegetarische Restaurants sind im Baltikum bisher selten, und die einheimische Küche zwingt Vegetarier oft dazu, ihre warmen Mahlzeiten weit-

Bodenständige Küche wird in rustikalem Ambiente serviert

gehend auf Kartoffel- und Kohlbasis zu bestreiten. Die Restaurants in den Hauptstädten haben aber meist auch fleischlose Gerichte auf der Karte.

Auf dem Land kann man sehr preiswert tafeln. In den Hauptstädten nähert sich das Preisniveau gehobener Restaurants zunehmend westeuropäischen Verhältnissen an; in Mittelklasse-Restaurants isst man jedoch immer noch wesentlich günstiger als in Deutschland. Inzwischen werden nicht nur in Luxushäusern, sondern auch in einfacheren Lokalen englischsprachige Speisekarten angeboten.

Getränke

Weinliebhaber haben im Baltikum das Nachsehen – wenn man überhaupt Wein bekommt, ist er sehr teuer. Dafür sind die einheimischen Biere (in Estland »Saku« und »Saaremaa õlu«, in Lettland »Aldaris« und »Tērvetes«, in Litauen »Švyturys«) preiswert und sehr gut. Viele Restaurants brauen selbst – probieren lohnt. Wodka hat nach dem Ende der Sowjetzeit seine zentrale Rolle bei der Abendgestaltung eingebüßt. In Estland wird der Kräuterschnaps »Vana Tallinn« hergestellt. Früher benötigte man ihn, ähnlich wie Nylonstrümpfe, zum Schmieren russischer Beamter. Heute gibt er, ebenso wie der lettische »Rīga Balzams« oder der litauische »Balzamas«, ein begehrtes Mitbringsel ab. Tagsüber wird im Baltikum viel Tee konsumiert – ein Erbe aus sowjetischen Tagen. Kaffee wird nach Art des türkischen Mokka zubereitet. Das Angebot einheimischer Mineralwassersorten ist groß und gut. Beliebte Getränke sind auch Milch, Kefir und Kwass, eine Art Brottrunk. Eine Spezialität ländlicher Gebiete ist selbst hergestellter Moosbeeren- und Birkensaft.

! Bei **Sabile** in der Kurländischen Schweiz liegt das nördlichste Weinanbaugebiet der Welt. Bereits im Mittelalter wurde der 1,5 ha große Weinberg, der es bis ins Guinness-Buch der Rekorde geschafft hat, kultiviert. Pro Jahr werden nur etwa 100 Flaschen Wein abgefüllt, denen üblicherweise beim jährlichen Weinfest Ende Juli gleich der Garaus gemacht wird.

Urlaub aktiv

Radfahren

Das überwiegend flache Baltikum ist ideal zum Radfahren. Allerdings mangelt es noch an Radwanderkarten und ausgeschilderten Wegen – Ausnahmen bilden die Kurische Nehrung, der neue 200 Kilometer lange Küstenradweg in Litauen sowie in Estland die Umgebung von Pärnu und Tartu. Radler müssen häufig auf Landstraßen ausweichen, auf denen aber in der Regel nur wenig Verkehr herrscht. Informationszentren der Nationalparks sowie einige Hotels verleihen Räder.

Fast alle Fluggesellschaften nehmen Räder gegen Aufpreis mit. Im Reiseland kann man Räder in Zügen und auf Fähren problemlos mitführen; in Bussen ist dies offiziell nicht möglich.

i Der Verband **Baltic Cycle** (www.bicycle.lt) hält Karten und Routenvorschläge für die individuelle Tourenplanung bereit. Ansprechpartner in den einzelnen Ländern sind:
▌ **City Bike,** 33 Uus, Tallinn, Tel. 511 1819, www.citybike.ee. Fahrradverleih und Touren in Estland.
▌ **Lettisches Radtourismuszentrum,** Jekabpils 19 a, Rīga, Tel. 750 7103, Fax 720 5355, www.velokurjers.lv.
▌ **Litauisches Fahrradinformationszentrum,** Postfach 61, Vilnius, Tel. 699 56009, Fax 5 278 4074, info@bicycle.lt, www.bicycle.lt.
▌ **Litauische Radfahrergemeinschaft,** P. P. Box 190, Klaipėda, Tel. (Mobil) 615 91773, lcc@dviratis.lt.

📖 Dirk Jung beschreibt in **Velo Via Baltica – Baltikum per Rad** eine Fahrradrundtour durch das Baltikum (Baltische Zentrale für Tourismus, Husum 1999).

Flaches Land – ideal zum Radfahren

▌ **Radlerkarten** mit Routenempfehlungen bekommt man vor Ort in größeren Buchhandlungen und bei den nationalen Radsportverbänden (s. links): In Estland helfen die »Eesti Jalgrattakaart« (E. O. Map, Tallinn) und der »Regio Travel Guide for Cyclists« (Regio Verlag, Tallinn) weiter, in Lettland die »Latvijas Velomarsrutu«-Karte (Baltic Cycle). Litauens erste Radlerkarte heißt »Lietuvos ir Kaliningrado Srities Dviraciu Trasu Zemelapis« (Baltic Cycle).

Wandern

Wer sich Landschaften am liebsten erläuft, hat in der herrlichen Natur des Baltikums reichlich Gelegenheit dazu. Die Nationalparks sind gut erschlossene Wandergebiete (s. Special S. 10/11) mit einer großen Routenauswahl, und die Ostseeküste lädt zu endlosen Strandspaziergängen ein.

Wassersport

Mit seinen unzähligen Wasserläufen und Seen ist das Baltikum ein Paradies für Wasserwanderer. Tret- und Ruderboote kann man im Sommer fast überall preiswert leihen. Organisierte Wildwasserfahrten mit dem Kanu werden in den Nationalparks (s. Special S. 10/11) angeboten.

ℹ️ Allgemeine Informationen zu **Kanutouren** im Baltikum und Adressen von Veranstaltern findet man unter www.canoe-dreams.com.

Windsurfen ist im Kommen und konzentriert sich derzeit vor allem auf die Tourismushochburgen an der Küste. Ein beliebter Treffpunkt ist das ehemalige Olympiazentrum in Pirita – zugleich Ausgangsbasis für Segeltörns in die estnische Inselwelt. Weitere Segelsportzentren sind die Kurische Nehrung, Rīga und Jūrmala.

ℹ️ Adressen von litauischen Jachtclubs und Tipps für Segler gibt es unter www.tourism.lt/leisure/sail.htm.
▪ Die estnischen Jachthäfen sind unter www.agentuur.ee/sadamad aufgeführt, die lettischen unter www.latviancoast.lv.

Angeln

Angeln ist im Baltikum Volkssport. In Lettlands Flüssen und öffentlichen Seen darf jeder seine Rute auswerfen; für Privatseen braucht man die Erlaubnis des Besitzers und eine Angellizenz. Vorgeschrieben ist zudem ein Angelschein, der ca. 5 € kostet und für ein Jahr gilt (Informationen unter bio@latfri.lv). Auch in Litauen ist eine Genehmigung erforderlich; man erhält sie gegen eine geringe Gebühr bei der Fischereibehörde in Vilnius (Juozapavicius 9, Tel. 5/272 3786). In Estland ist das Angeln mit Schnur und Haken ohne Genehmigung erlaubt. Wer einen Spinner benutzt, muss einen zeitweiligen Angelschein beantragen, der nur persönlich ausgehändigt wird.

ℹ️ Informationen über **Angelgründe in Lettland** unter www.lvm.lv, **in Litauen** unter www.countryside.lt/de/zinoti/zvejams, **in Estland** unter www.visitestonia.com

Vogelbeobachtung

Die große Artenvielfalt lockt zahlreiche Vogelliebhaber. Estland hält derzeit den europäischen Rekord – an einem einzigen Tag wurden hier 190 verschiedene Spezies gesichtet. Die Inseln Saaremaa und Hiiumaa sowie die Matsalu-Bucht sind Rastgebiete Hunderttausender von Zugvögeln.

ℹ️ **Moonsund Eco,** Vabaduse 5, 92411 Kärdla, Hiiumaa, Tel. 505 7605, www.moonsund.ee. Einwöchige Reisen zur Vogelbeobachtung in West-Estland jeweils im Frühjahr und Herbst.
▪ Im estnischen **Soomaa-Nationalpark** werden von Ornithologen geführte Kanutouren angeboten. Termine unter www.soomaa.com.

Reiten

Es gibt eine Vielzahl von Reiterhöfen, die geführte Touren organisieren. Auch die Nationalparks führen Reitwanderungen durch (s. S. 10/11). Immer häufiger im Angebot sind Reiterferien auf dem Bauernhof.

ℹ️ Ein Verzeichnis von Reiterhöfen und -schulen findet man unter www.baltikuminfo.de; Infos zu Reiterferien auf dem Bauernhof unter www.maaturism.ee.

Unterkunft

In den Hauptstädten und wichtigsten Urlaubsregionen gibt es Unterkünfte aller Preisklassen auf Westniveau. Verzeichnisse halten die Verkehrsämter und die Baltikum Tourismus-Zentrale (s. S. 100) bereit.

In der Hauptsaison (Mitte Juni bis Aug.) sollte man Unterkünfte vorausbuchen. Ferienwohnungen mietet man am besten über einen Veranstalter (z. B. Mare Baltikum Reisen, s. S. 9).

Privatquartiere

In Kleinstädten und auf dem Land ist das Angebot an Unterkünften noch begrenzt. Bed & Breakfast-Adressen können hier eine Alternative sein.

Rasastra, Mere pst. 4, Tallinn, Tel. 661 6291, www.bedbreakfast.ee. Vermittlung von B&B-Unterkünften im gesamten Baltikum.

▮ **Litinterp,** Bernardinu 7–2, Vilnius, Tel. 5/212 3850, www.litinterp.com. Gästehäuser in Vilnius, Kaunas und Klaipeda.

Bauernhöfe

Ein Urlaub auf dem Land ist besonders für Familien ideal. Viele Gastgeber bieten auch Sportaktivitäten an.

Estnischer Verband »Urlaub auf dem Land« (Eesti Maaturism), Vilmsi 53 b, Tallinn, Tel. 600 9999, www.maaturism.ee

▮ **Lettischer Verband »Urlaub auf dem Land« (Lauku ceļotājs),** Kugu 11, Rīga, Tel. 761 7600, www.celotajs.lv

▮ **Litauischer Verband »Urlaub auf dem Land« (Lietuvos Kaimo Turizmo Asociacija),** K. Donelaicio 201–2, Kaunas, Tel. 37/400354, www.atostogoskaime.lt

Camping

Campingplätze sind im Baltikum mit einfachen Holzhütten ausgestattet, die man für ca. 10 € mieten kann. Ihre Lage ist oft wunderschön; hinsichtlich der Qualität gibt es jedoch große Unterschiede. Anschlüsse für Wohnmobile sind noch rar, werden aber verstärkt von Bauernhöfen angeboten. Außerhalb der Nationalparks ist wildes Campen im Baltikum überall erlaubt – sicherer ist es jedoch, den nächsten Bauern zu fragen, ob man auf seinem Grund zelten darf.

Ein Verzeichnis aller Campingplätze hält die Baltikum Tourismus-Zentrale bereit (s. S. 100).

Jugendherbergen

Das Spektrum reicht von angejahrten Häusern mit eher dürftiger Ausstattung bis zum brandneuen Backpackerhotel in Rīga (Übernachtung je nach Standard zwischen 10 und 15 €).

Estnisches Jugendherbergswerk, Narva mnt. 16–25, Tallinn, Tel. 6461 455, Fax 6461 595, www.balticbookings.com/eyha

▮ **Lettisches Jugendherbergswerk,** Siguldas pr. 17–2, 1014 Rīga, Tel. 921 8560, Fax 751 7006, www.hostellinglatvia.com

▮ **Litauisches Jugendherbergswerk,** Filaretu 17, 2007 Vilnius, Tel. 521 54627, www.lithuanianhostels.org

Reisewege und Verkehrsmittel

Anreise

Mit dem Flugzeug

Lufthansa bietet tägliche Verbindungen ab Frankfurt und München nach Vilnius, Tallinn und Rīga (www.lufthansa.com). Vermehrt gibt es Angebote von Billig-Fluglinien. Allerdings ist in den Flugplänen viel Bewegung. Easyjet fliegt ab Berlin nach Tallinn und Rīga (www.easyjet.com). Estonian Air fliegt mehrmals wöchentlich von Berlin, Frankfurt und Hamburg nach Tallinn (www.estonian-air.com). Lithuanian Airlines fliegt Vilnius von Frankfurt an (www.flylal.com). Air Baltic verbindet Rīga und Vilnius mit Berlin, Hamburg, München und Düsseldorf (www.airbaltic.com). Amber Air fliegt von Hamburg nach Palanga (www.amberair.lt), Lithuanian Airlines von Mai bis September einmal pro Woche von München, Hannover, Berlin und Köln nach Palanga. Ryanair (www.ryanair.com) bietet eine tägliche Verbindung von Hahn im Hunsrück nach Rīga und einen Direktflug von Hahn nach Kaunas an.

Mit der Fähre

Fähren verkehren zwischen Kiel und Klaipeda (Dauer 22 Std.); Lübeck und Rīga (35 Std.), Lübeck und Ventspils (29 Std.; Infos unter www.lisco-baltic-service.de) sowie Rostock und Ventspils (26 Std.; Infos unter www.scandlines.de). Eine direkte Fährverbindung nach Estland besteht derzeit nicht.

Mit Bahn und Bus

Von Berlin-Lichtenberg aus gibt es täglich Direktverbindungen nach Rīga und weiter nach Tallinn (ca. 28 Std.); tgl. mehrere Verbindungen nach Vil-nius (mit Kurswagen bis Rīga). Preisgünstiger sind allerdings Umsteigeverbindungen über Warschau.

Besonders kostensparend, wenngleich auch etwas mühsam ist die Anreise mit dem Bus. Es gibt mehrere Verbindungen pro Woche von verschiedenen deutschen Städten nach Vilnius, Kaunas, Rīga, Pärnu und Tallinn, buchbar z. B. über Deutsche Touring (www.deutsche-touring.com), Eurolines (www.eurolines.com) und Ecolines (www.ecolines.lv).

Mit dem Auto

Es gibt zwei Grenzübergänge zwischen Polen und Litauen: Kalvarija und Lazdijai. Die Route über Lazdijai ist landschaftlich schöner und zudem für den Schwerverkehr gesperrt. Von Litauen erreicht man Lettland über Medumi, Subate, Grenctāle, Meitene, Ezere, Plūdoni oder Rucava. Die Grenze zwischen Lettland und Estland kann in Ainaži, Valka und Veclaiciene passiert werden.

Unterwegs im Baltikum

Mit dem Auto

Hauptverkehrsstraßen wie die Via Baltica sind gut ausgebaut; Nebenstraßen enden allerdings häufig in unbefestigten Schotterpisten. Das Tankstellennetz ist dicht; Benzin kostet fast 50 % weniger als in Deutschland.

In größeren Städten und an den Flughäfen kann man Autos mieten; die Leihgebühren sind jedoch oft etwas höher als in Westeuropa. Seit dem EU-Beitritt kann man innerhalb der drei baltischen Länder frei reisen. Eine Grüne Versicherungskarte ist für ausländische Fahrer nicht mehr obligatorisch, empfiehlt sich aber bei Unfällen. In allen drei Ländern fährt man immer mit Abblendlicht. In Estland und Lettland sind vom 1. Dez. bis 1. März Winterreifen Pflicht.

Mit Bahn und Bus

An das Bahnnetz sind im Baltikum nur die größeren Städte angeschlossen. Busse verkehren hingegen mindestens einmal täglich in jedes noch so entlegene Dorf.

Mit dem Schiff

Die wichtigsten estnischen Inseln werden in relativ kurzen Abständen von Fähren angesteuert. Informationen und Anbieter von Flusskreuzfahrten und Rundfahrten durch das Kurische Haff unter www.baltikuminfo.de.

In der Altstadt von Tallinn

Für Eilige: Das Baltikum in einer Tour

▌ **1. Tag: Klaipėda – Nida**
Mit der Fähre nach Klaipėda; weiter auf die Kurische Nehrung. Dünenwanderung, Bummel durch Nida mit seinen alten Fischerkaten; Übernachtung dort.

▌ **2. Tag: Nida – Kaunas** (260 km)
Fahrt entlang der Memel nach Kaunas. Besuch des Klosters Pažaislis am Ufer des Kaunasser Meeres. Übernachtung in Kaunas.

▌ **3. Tag: Kaunas – Trakai – Vilnius** (110 km)
Abstecher zur Wasserburg Trakai, dem Wahrzeichen Litauens. Weiterfahrt in die Hauptstadt.

▌ **4. Tag: Vilnius**
Flanieren durch die Altstadt, die Höfe der Universität und den Gotischen Winkel bis zum Tor der Morgenröte.

▌ **5. Tag: Vilnius – Cēsis** (380 km)
Abstecher zum »Berg der Kreuze« bei Šiauliai, dann über das Barockschloss Rundāle nach Sigulda in der Lettischen Schweiz, wo die Ruinen einer Ordensburg aus dem 13. Jh. zu sehen sind. Weiterfahrt nach Cēsis.

▌ **6. Tag: Cēsis – Tartu** (210 km)
Von Cēsis, wo eine weitere Burg des Schwertritterordens erhalten ist, geht es in die estnische Universitätsstadt Tartu.

▌ **7. Tag: Tartu – Tallinn** (190 km)
Fahrt nach Norden zum Lahemaa-Nationalpark; Stop im Seefahrerort Käsmu. Weiterfahrt nach Tallinn.

▌ **8. Tag: Tallinn**
Durch Unter- und Oberstadt spazieren und den Blick von den Aussichtsterrassen genießen. Kaffeepause auf dem Rathausplatz.

▌ **9. Tag: Tallinn – Pärnu** (130 km)
Abstecher nach Haapsalu; Weiterfahrt durch idyllische Landschaft in Richtung Süden. Strandtag im Seebad Pärnu, wo Estland Italien spielt.

▌ **10. Tag: Pärnu – Rīga** (180 km)
Fahrt entlang der Küste zur lettischen Hauptstadt; Entspannen in den Straßencafés der Altstadt.

▌ **11. Tag: Rīga**
Stadtbesichtigung mit Dom, Pulverturm und Schwedentor; Jugendstilbauten in der Neustadt.

▌ **12. Tag: Rīga – Kuldīga** (150 km)
Durchs schöne Kurland geht es mit Zwischenstopp im malerischen Sabile weiter nach Kuldīga.

▌ **13. Tag: Kuldīga – Liepāja – Palanga** (160 km)
Entlang der Küste nach Palanga, Litauens beliebtestem Badeort.

▌ **14. Tag: Palanga – Klaipėda** (29 km)
Spaziergang durch die Altstadt; Abreise per Fähre.

Karte
Seite
37

**Vilnius

Stadt der Flaneure

Vilnius ist eine Stadt, die man am besten zu Fuß erkundet: Kopfsteingepflasterte Gassen erschließen die Altstadt mit ihren denkmalgeschützten Häusern, den unzähligen Kirchen und der altehrwürdigen Universität. Nicht weniger als 1900 Gebäude zählt die UNESCO zum Weltkulturerbe: Ihre Fassaden spiegeln alle Baustile von der Gotik bis zum Klassizismus wider. Die deutlichsten Spuren hinterließ jedoch der Barock, dessen heitere Pastelltöne der Stadt ihr südländisches Flair verleihen. Wer die litauische Hauptstadt, die 2009 europäische Kulturhauptstadt wird, richtig kennen lernen möchte, sollte sich einige Tage Zeit nehmen – in den verwinkelten Gässchen gibt es nicht nur Baudenkmäler zu entdecken. Vilnius besitzt eine Vielzahl von Museen und Galerien; in versteckten Innenhöfen warten Cafés auf Gäste, und originelle Geschäfte laden zum Bummel ein.

1323 wurde Vilnius erstmals urkundlich erwähnt. Die Stadt entwickelte sich rasch und wehrte mehrere Angriffe der deutschen Kreuzritter erfolgreich ab. Im 16. Jh. erlebte sie eine Blütezeit, die in der Gründung der Universität gipfelte. Danach begann eine Zeit des politischen Niedergangs, der Vilnius aber einen Großteil seiner Kirchen verdankt.

Für die Juden Osteuropas war Vilnius lange ein geistiges und kulturelles Zentrum. Noch zu Beginn des 20. Jhs. stellten sie ein Drittel der Stadtbevölkerung. Erst unter der deutschen Besatzung, die 1941–44 Zigtausende von Juden das Leben kostete, wurde das blühende »Jerusalem des Ostens« ausgelöscht.

Einen schönen Blick auf die Stadt hat man vom rekonstruierten, achteckigen **Gediminas-Turm ❶** (Gedimino bokštas), einem Überbleibsel der Oberen Burg aus dem 14. Jh. Er ist zugleich ein guter Ausgangspunkt für die Erkundung der Altstadt (Di–So 11–19 Uhr).

Rund um die Kathedrale ❷

Der *Kathedralenplatz (Arkikatedros aikštė) ist der beliebteste Treffpunkt der Stadt. Beherrscht wird er von der klassizistischen **St. Stanislaus-Kathedrale,** die einem griechischen Tempel nachempfunden ist. Sie wurde auf den Fundamenten einer mittelalterlichen Kirche erbaut, die ihrerseits ein heidnisches Heiligtum ersetzte. Nach zahlreichen Umbauten erhielt die Kathedrale ihre heutige Gestalt im 18. Jh. In der Sowjetzeit fungierte sie als Gemäldegalerie; erst 1989 wurde die Kirche den Gläubigen zurückgegeben. Ihr künstlerischer Höhepunkt ist die barocke Kasimir-Kapelle: Fresken stellen Szenen aus dem Leben des litauischen Schutzheiligen dar, der hier 1602 beigesetzt wurde. Neben der Kathedrale erhebt sich der 57 m hohe, frei stehende **Glockenturm.** Er zählt zu den ältesten Gebäuden der Stadt: Sein Untergeschoss gehörte einst zu einem Turm der Stadtbefestigung.

Das **Nationalmuseum ❸** (Lietuvos Nacionalinis Muziejus) am Fuß des Burghügels dokumentiert die Geschichte Litauens von der Steinzeit bis in die Gegenwart (Di–Sa 10–17, So 10 bis 15 Uhr, www.lnm.lt). Im Alten Arsenal ist das **Museum für angewandte Kunst ❹** untergebracht, in dem neben Keramik, Glas, Textilien, Schmuck und

Zur tempelartigen Kathedrale gehört der frei stehende Glockenturm

historischen Möbeln auch sakrale Kunstgegenstände zu sehen sind (Di bis Sa 11–17.30, So 11–15.30 Uhr).

Zur Universität

Jenseits der Šventaragio gatvė entfaltet die Altstadt ihren ganzen Charme. Vor dem frisch verputzten **Präsidentensitz,** der im 14. Jh. als Bischofssitz erbaut wurde, spielen Musiker unter alten Kastanien traditionelle Weisen. Die 1597 als Jesuitenkolleg gegründete ***Universität ❺**, eine der ältesten in Europa, gruppiert sich um zwölf Innenhöfe. Ihre Gebäude zeigen alle Baustile vom 16. bis zum 20. Jh.

Besonders eindrucksvoll ist der **Große Hof** mit der **Johanniskirche ❻**. Sie wurde 1387 im gotischen Stil erbaut. Nach einem Brand im Jahr 1737 erhielt sie eine prächtige neue Barockfassade und einen Innenraum, der zu den schönsten dieser Epoche in Litauen zählt. Weil die Sowjets die Kirche zu einem Wissenschaftsmuseum umfunktionierten, sind noch immer ca. 50 alte Bücher ausgestellt, darunter einige frühe Beispiele der Druckkunst (Mo bis Fr 8–17 Uhr). Es ist im Gespräch, die Kirche den Gläubigen zurückzugeben.

In den umliegenden Bauten ist die **Universitätsbibliothek** mit ihrem Bestand von fast 5 Mio. Bänden untergebracht. Sie besitzt zwei prächtige Lesesäle (Mo–Sa 9–21 Uhr).

Bernstein und Bausünden

Jenseits der Pilies gatvė, der ältesten Straße der Stadt, ist im ***Bernsteinmuseum ❼** (Gintaro muziejus) zu sehen, was an den Stränden Litauens so schwer zu finden ist. In einem Gewölbekeller wird die Entstehung und Verarbeitung des »Baltischen Goldes« erklärt. In der angeschlossenen Galerie kann man Design und Schmuck aus Bernstein betrachten (Mykolo 8; tgl. 10–19 Uhr, www.ambergallery.lt).

In der nahe gelegenen St. Michaels-Kirche (16. Jh.) ist heute ein **Architekturmuseum** untergebracht, das u. a. die sowjetischen Bausünden im Weichbild der Stadt zu erklären versucht – leider nicht in englischer (oder deutscher) Sprache (Mo/Di 11–17, Mi bis So 11–18 Uhr).

Karte
Seite
37

Gotischer Winkel

Ein Meisterwerk der Backsteingotik ist die ****St. Anna-Kirche ❽**. Ihre mit Erkern und Türmchen reich verzierte Fassade wurde aus 47 verschiedenen Ziegelarten erbaut. Das Ergebnis ist leicht und filigran – fast ein bisschen überirdisch. St. Anna ist eine der schönsten Kirchen der Stadt; so schön, dass Napoleon sie angeblich am liebsten mit nach Paris genommen hätte. Ein neogotischer Glockenturm erhebt sich neben dem Baudenkmal, das zusammen mit der benachbarten **Bernhardinerkirche** und dem dazugehörigen Kloster ein einzigartiges Architekturensemble bildet.

Künstlerviertel Užupis

Je nach Interesse kann man nun die südliche Altstadt mit ihren Kirchen oder Užupis (s. u.) erkunden: Das exzentrische Künstlerviertel liegt am anderen Ufer der Vilnia. Bis ins 19. Jh. war es Armenvorstadt, heute verbreitet es leicht morbides Montmartre-Flair.

Užupis Kavine, Užupio 2. Im Sitz der Regierung von Užupis trifft sich Bohème-Publikum. Abends wird das Café zur Bar (bis 23 Uhr). ○

Kirchen und Madonnen: Südliche Altstadt

In die südliche Altstadt gelangt man über die Pilies gatvė, die Kathedrale und Rathausplatz verbindet. Vom Balkon des Hauses Nr. 26 wurde 1918 die (nur kurz während) Unabhängigkeit Litauens proklamiert. Ein paar Schritte weiter steht zur Linken die orthodoxe **Nikolauskirche ❾**, ein eindrucksvoller Barockbau.

Die 1604–16 erbaute **Kasimirkirche ❿** ist die älteste Barockkirche der Stadt. Sie war im Laufe der Geschichte katholisches, orthodoxes und protestantisches Gotteshaus, um dann von den Sowjets zu einem Museum für Atheismus umfunktioniert zu werden.

⭐ Sonntags findet hier um 12 Uhr ein **Orgelkonzert** statt.

Die gut gelaunte Mini-Republik

Užupis besitzt alte Häuser, schöne Hinterhöfe, neue Galerien, hübsche kleine Geschäfte – und eine eigene Verfassung. Der Bohème-Stadtteil, der von den Sowjets verwahrlost zurückgelassen wurde, erklärte sich 1997 zur Republik. Die noch junge Unabhängigkeit der Nation wollten einige Užupier besonders intensiv auskosten – und zugleich das Individuum in seiner Einzigartigkeit feiern. Regierungssitz ist das Café »Užupis Kavine« (s. o.) gleich hinter der Brücke, die in den anarchistischen Stadtteil führt. In diesem traditionellen Künstlertreff wurde die Idee zum Staat im Staate geboren. Zu den rund 80 Botschaftern der eigenwilligen Republik zählt auch der Dalai Lama, der Vilnius 2001 besuchte. Bürger der Republik kann jeder werden – auch ohne Wohnsitz im Stadtgebiet von Vilnius. Denn Užupier ist man nicht kraft Brief, Siegel oder Wohnsitz, sondern aufgrund einer subversiven Geisteshaltung. Und die kann man schließlich überall pflegen.

Karte
Seite
37

Die Aušros Vartų, ehemalige Haupteinfallsstraße, führt zum Tor der Morgenröte

Aus dem 18. Jh. stammt die ***Heiliggeistkirche ⑪**, als Sitz des Erzbischofs die wichtigste orthodoxe Kirche Litauens. Ihr Inneres birgt eine prächtige Ikonostase. Zu den bedeutendsten katholischen Heiligtümern des Landes zählt das nahe ****Tor der Morgenröte ⑫** (Aušros Vartai), das einzige erhaltene Tor der alten Stadtmauer. Die Torkapelle birgt ein wundertätiges Marienbild aus dem 16. Jh., das Pilgerziel für Tausende von Gläubigen ist.

Von hier aus kann man einen Abstecher zur 1894 errichteten **Synagoge ⑬** machen; sie ist das einzig erhaltene von einst 96 jüdischen Gebetshäusern in Vilnius. Es gibt keine regelmäßigen Öffnungszeiten – außer Freitagabends und Samstagmorgens, wenn die Jüdische Gemeinde zusammenkommt.

Abstecher zur modernen Kunst
In der Nähe liegt das **Zentrum für Zeitgenössische Kunst ⑭** (Šiuolaikinio Meno Centras, CAC); es zeigt Arbeiten junger Litauer ebenso wie internationale Ausstellungen zeitgenössischer Kunst. Mit über 2000 m² Fläche ist es der größte Ausstellungsort für moderne Kunst im Baltikum (Vokiečių 2, Di–So 11–19 Uhr, www.cac.lt).

Zum CAC gehört ein modernes Café, das sich als Künstlertreff etabliert hat (tgl. 11–24 Uhr).

Jüngere Geschichte am Rand der Altstadt

*KGB-Museum ⑮
Die frühere Zentrale des sowjetischen Geheimdienstes beherbergt heute ein sehenswertes Museum, das Dokumente zur sowjetischen Besatzung und zum litauischen Widerstand zeigt. Auch die ehemaligen Erschießungskammern und Gefängniszellen können besichtigt werden (Di–Sa 10–17, So 10–15 Uhr).

*Jüdisches Museum ⑯
Mit anrührenden Exponaten wird hier an die grausam vernichtete jüdische Gemeinde in Vilnius und an die jüdische Kultur Litauens erinnert. Eine Sonderausstellung dokumentiert den Holocaust und das Schicksal der jüdischen Bevölkerung während des Zweiten Weltkriegs. Das Museum hat zwei Zweigstellen in der Pylimo 4 und der Pamėnkalnio 12 (Mo–Do 9–17, Fr 9–16, So 10–16 Uhr).

Karte
Seite
37

Gedenkstätte Paneriai

Die ca. 8 km südwestlich des Zentrums gelegene Gedenkstätte erinnert an 100 000 Menschen, die die Nazis zwischen 1941 und 1944 im Paneriai-Wald ermordeten. Etwa zwei Drittel von ihnen waren Juden. In einem kleinen Museum sind Dokumente und persönliche Gegenstände der Opfer ausgestellt (Mi–Mo 11–18 Uhr, im Winter nach Vereinbarung; Tel. 260 2001). Zu erreichen ist die Gedenkstätte mit dem Auto über die Savanorių gatvė und die E 28 oder mit dem Zug in Richtung Trakai (an der Station Paneriai aussteigen).

Infos

Touristeninformation Vilnius, Vilniaus 22, Tel. 5/262 9660, Fax 262 8169, www.turizmas.vilnius.lt; Mo–Fr 9–18, Sa/So 10–16 Uhr. Zweigstelle: Didžioji 31, Tel. 262 6470, Fax 262 0762; Mo–Fr 10–18 Uhr.

Für 5 Lt erhält man den zweimonatlich erscheinenden Stadtführer **Vilnius in your pocket,** der alle wichtigen Adressen und Termine bündelt.

Flughafen: Der übersichtliche Flughafen liegt nur 5 km südlich von Vilnius. Ein Taxi ins Zentrum kostet ca. 25 Lt, der Flughafenbus 1,40 Lt.
Bahnhof: Geležinkelio 16. Links werden Fahrscheine fürs Inland, rechts fürs Ausland verkauft. Fahrkartenbuchung Inland Tel. 262 6947; Ausland Tel. 269 3722. Fahrpläne: www.litrail.lt
Busbahnhof: Sodų 22. Infos Tel. 1661, Buchungen Tel. 216 2977, Fahrpläne: www.toks.lt. Internationale Routen werden von Eurolines bedient (www.eurolines.com).

Öffentlicher Nahverkehr: Busse und Trolleys verkehren in kurzen Abständen in alle Winkel der Stadt. Fahrpläne: www.vilniustransport.lt

Die **Vilnius City Card** gewährt ermäßigten Eintritt in Museen und Sehenswürdigkeiten sowie Rabatte in Clubs und Geschäften. Sie kostet 37 (1 Tag), 45 (2 Tage), 80 (7 Tage) bzw. 20 Lt für Kinder und Jugendliche unter 14 Jahren (unbegrenzt). Erhältlich bei der Touristeninformation, am Flughafen, am Bahnhof und in vielen Hotels.

Hotel Stikliai, Gaono 7, Tel. 5/264 9595, www.stikliai hotel.lt. Elegantes Hotel in einem mittelalterlichen Gebäude in der Altstadt. Im Restaurant mit französischer Küche tafeln auch Staatsgäste. ○○○
▮ **Shakespeare Hotel,** Bernardinų 8/8, Tel. 5/266 5885, Fax 266 5886, www.shakespeare.lt. Komfortables Hotel in einer ruhigen Altstadtstraße. Alle Zimmer sind nach berühmten Dichtern und Literaten benannt und entsprechend eingerichtet. ○○○
▮ **Radisson SAS Astorija,** Didžioji 35/2, Tel. 212 0110, www.vilnius.

❶ Gediminas-Turm
❷ Kathedrale
❸ Nationalmuseum
❹ Museum für angewandte Kunst
❺ Universität
❻ Johanniskirche
❼ Bernsteinmuseum
❽ St. Anna-Kirche
❾ Nikolauskirche
❿ Kasimirkirche
⓫ Heiliggeistkirche
⓬ Tor der Morgenröte
⓭ Synagoge
⓮ Zentrum für Zeitgenössische Kunst (CAC)
⓯ KGB-Museum
⓰ Jüdisches Museum

radissonsas.com. In bester Lage zwischen Tor der Morgenröte, Altem Rathaus und der Kunsthalle CAC bietet das Hotel jeden Luxus. ○○○

▌ **Holiday Inn,** Šeimyniškių 1, Tel. 5/210 3000, Fax 210 3001, www.holidayinnvilnius.lt. Moderner Neubau mit allem Komfort, am jenseitigen Ufer der Neris gelegen. Kleines Fitnessstudio und Sauna. ○○○

Freskos, Didžioji 31, Tel. 261 8133. Internationale Küche im stilvollen Ambiente des alten Rathauses. ○○○

▌ **Marceliukės Klėtis,** Tuskulénu 35 (jenseits der Neris), Tel. 272 5087. In urigem Ambiente werden die besten *cepelinai* der Stadt serviert. ○○

▌ **Žemaičių Smuklė,** Vokiečių 24, Tel. 261 6573. Deftige litauische Küche und hausgebrautes Bier in historischen Kellergewölben. ○○

▌ **Ritos Smuklė,** Žirmūnų 68 (im Nordosten der Altstadt), Tel. 277 0768. Hier wird mit saisonalen Zutaten aus der Region gekocht. ○○

▌ **Avilys,** Gedimino 5, Tel. 212 1900. Gekocht wird mit dem hauseigenen, honighaltigen Bier. ○○

Karte Seite 37

Karte Seite 37/67

▌ **Čili Kaimas,** Vokiečių 8, Tel. 231 2536. Preiswerte litauische Küche in urigem Ambiente; Filialen: Gedimino 14 und Ukmergės 282. ○

Bei **Amber** (Aušros Vartų 9, www.ambergift.lt) und im **Bernsteinmuseum** (s. o.) kann man qualitätvolle Bernsteinprodukte erstehen.
▌ Erlesene Antiquitäten bieten **Senasis Kuparas** (Dominikonų 14) und das **Antiques Centre** in derselben Straße.
▌ Auf dem **Gariūnai-Markt** (Di–So vormittags) an der Straße nach Kaunas werden alle erdenklichen Gebrauchtwaren verkauft.
▌ Das Angebot des **Souvenirmarkts** in der Altstadt (Pilies 23, tgl. 9–19 Uhr) ist eher an touristischen Bedürfnissen orientiert.
▌ Bei **AJ Sokoladas** (Pilies 42) kauft man über 50 Sorten köstlicher hausgemachter Schokolade.
▌ Diverse litauische Mode-Designer unter einem Dach findet man bei **Yzzy,** Gaono 10.

Köstliche Cocktails und einen schönen Blick über die Altstadt bietet die **Sky-Bar** im 22. Stock des Reval Hotel Lietuva (Konstitucijos 20).
▌ Im **Džiazo Klubas** (Vilniaus 22, Tel. 261 6060, So geschl.) treten die besten Jazzmusiker des Landes auf.
▌ **Brodvėjas,** Mesinių 4. Kneipe und Disko in einem; oft spielen Livebands.
▌ **Technofans** können sich im Netz unter www.techstylism.lt über aktuelle Veranstaltungen informieren.

Ausflüge

***Trakai

Die Wasserburg Trakai ist das Wahrzeichen Litauens (s. S. 68 f.). Sie liegt malerisch auf einer Insel im Galvė-See und ist nur zu Fuß über eine lange Holzbrücke zu erreichen. Am Seeufer können Tret- und Ruderboote ausgeliehen werden; gut markierte Wege laden zu Wanderungen durch die herrliche Landschaft ein. Trakai liegt 28 km westlich von Vilnius, zu erreichen ist es mit dem Auto über die A4, mit dem Bus (vom Busbahnhof aus) oder mit dem Zug. Taxifahrer berechnen ca. 35 Lt für eine einfache Fahrt. Organisierte Halbtagesausflüge bietet z. B. »Visit Lithuania« an (Odminiu 5–1, Tel. 262 5241, Fax 262 5242, www.visitlithuania.net).

Europa-Park

19 km nördlich von Vilnius liegt das geografische Zentrum Europas. Litauer verweisen gern darauf, dass neutrale französische Wissenschaftler für diese Erkenntnis verantwortlich sind. 1991 legte der litauische Künstler Gintaras Karosas hier den Europa-Park (Europos Parkas) an – eine Art Freilichtmuseum für moderne Kunst. Auf Lichtungen im Wald sind heute über 90 Arbeiten von Künstlern aus aller Welt ausgestellt. Ein von Karosas gestaltetes Dreieck symbolisiert den Mittelpunkt Europas – der sich in Wirklichkeit noch 17 km weiter nördlich befindet. Kreisförmig angeordnete Schilder geben die genaue Entfernung nach Minsk, Berlin, Paris und Sofia an. Nach einem ausgedehnten Streifzug durch das Gelände kann man sich im Parkcafé stärken (www.europosparkas.lt; tgl. 9 Uhr bis Sonnenuntergang).

Anfahrt mit dem Auto über die Kalvarijų-Straße. Beim Santariškės-Kreisel biegt man nach rechts in Richtung Žalieji Ežerai (Grüne Seen) ab und folgt dann der Beschilderung. Mit den Trolleybussen 10 und 4 erreicht man die Haltestelle Zalgirio, von dort verkehren Busse mit der Aufschrift »Europos Parkas« direkt zum Parkeingang.

****Rīga**

Die Metropole des Baltikums

Rīga besitzt, was eine Großstadt ausmacht: Weltläufigkeit, urbanes Flair und lebhafte Straßen und Plätze. An warmen Sommerabenden platzt die Stadt schier aus den Nähten: Sitzplätze im Freien sind heiß begehrt, bis in die tiefe Nacht hinein wird geredet und getrunken, niemand denkt ans Schlafengehen. Seit der Unabhängigkeit boomt in Rīga die Wirtschaft: Neue Geschäfte sprießen wie Pilze aus dem Boden, und an jeder Ecke haben Straßenhändler ihre Stände aufgestellt. Dass das Handeln den Rigaern schon immer im Blut lag, bezeugen auch die Jugendstilhäuser, die reiche Kaufleute errichten ließen. Ihrer Baufreude in der Epoche des Art nouveau ist es zu verdanken, dass Rīgas Zentrum zum UNESCO-Weltkulturerbe zählt.

Rīga wurde 1201 gegründet; 1282 trat es der Hanse bei und entwickelte sich schnell zum wichtigsten Handelszentrum im Ostseeraum. Es war Hauptstadt des Ordensstaats, bis dieser unter dem Einfluss der Reformation zu bröckeln begann. Polen, Schweden und Russland umkämpften in der Folge den Ostseehafen; trotz der ständig wechselnden Besatzer blieb die eigentliche Macht aber in den Händen der deutschen Oberschicht. Im 19. Jh. wurde die Stadtmauer abgetragen, weil man sie zur Verteidigung nicht mehr benötigte: Statt der Waffen entschied nun der Handel über die Geschicke der Stadt. Um das alte Zentrum herum entstanden neue Wohnviertel. Mit dem ersten Sängerfest begann das »Nationale Erwachen«.

Karte
Seite
41

Gastfreundliches Rīga

Am 18. November 1918 wurde in Rīga die Unabhängigkeit Lettlands erklärt. Der Einmarsch der Roten Armee 1940 setzte dieser Entwicklung ein jähes Ende: Bei den Deportationen 1941 und 1949 wurden Zehntausende nach Sibirien verschleppt – darunter fast die gesamte lettische Elite. Erst ab 1988 gab es wieder Unabhängigkeitsbestrebungen, die Rīga 1991 erneut zur Hauptstadt einer freien Republik Lettland machten.

Weg 1

Durch die Altstadt

Rund um den Rathausplatz

Ausgangspunkt für den Altstadtspaziergang ist der Rathausplatz. Das ****Okkupationsmuseum ❶**, ein hässlicher schwarzer Kasten, dokumentiert hier die Zeit der deutschen und sowjetischen Besetzung sowie den Widerstand. Die Ausstellung ist zwar sehr textlastig (in lettischer, russischer, englischer und deutscher Sprache), umfasst aber auch anrührende Exponate wie etwa die Postkarten von Deportierten aus Sibirien oder die feinen

Karte
Seite
41

Kissenbezüge, die eine Lagerinsassin aus Verbandsmull häkelte. Wenig Illusionen über die Bedingungen in sibirischen Straflagern lässt die nachgebaute Gulag-Barracke (Mo–So 11 bis 17 Uhr, www.occupationmuseum.lv).

Lebensbejahender wirkt das farbenfrohe ***Schwarzhäupterhaus** ❷ (Melngalvju nams), in dem sich die Zunft unverheirateter Kaufleute traf. Seine prächtige Renaissancefassade wurde im Zweiten Weltkrieg zerstört, zum 800-jährigen Stadtjubiläum 2001 jedoch in ihrer ganzen Pracht wieder hergestellt (tgl. 11–18 Uhr). Davor wacht eine Nachbildung der historischen Rolandsfigur.

*Petrikirche ❸

Der Original-Roland ist in der nahe gelegenen Petrikirche zu sehen, Rīgas schönstem, wenn auch zweckentfremdetem Gotteshaus. 1209 erstmals erwähnt, wurde es im Lauf der Geschichte mehrmals zerstört und wieder aufgebaut. Die schwersten Schäden erlitt es im Zweiten Weltkrieg, dem auch das kostbare Interieur der Kirche zum Opfer fiel. Heute dient der schmucklose Innenraum als Ausstellungsort für zeitgenössische Kunst. Der barocke Turm, der das Stadtbild dominiert, besteht aus Metall und wurde erst 1973 fertig gestellt. In 72 m Höhe besitzt er eine Aussichtsplattform, von der sich ein herrlicher Blick auf Altstadt, Ostsee und Daugava bietet (Di–So 10–18 Uhr).

 Zu einem Einkaufsbummel in historischem Ambiente lädt das **Konventa Sēta ❹** ein: Das mittelalterliche Witwenstift wurde liebevoll restauriert und ist nun ein idyllisches Labyrinth kleiner Innenhöfe mit Cafés, Restaurants und Geschäften (zwischen Skārņu und Kalēju iela).

*Große und Kleine Gilde ❺

Die Große und die Kleine Gilde (Lielā und Mazā ģilde) bildeten früher Gegenpole wirtschaftlicher Macht: In der Großen Gilde trafen sich bis ins 19. Jh. deutsche Kaufleute; in der Kleinen Gilde war die Rigaer Handwerkerzunft zu Hause. Ihr heutiges Aussehen erhielten beide Häuser im 19. Jh. Die Große Gilde ist die Spielstätte der Philharmoniker; die Kleine Gilde wird für Konferenzen und Kulturveranstaltungen genutzt. Besonders schön sind ihre wappenverzierten Fenster.

Dass Wohlstand und Exklusivität der Hanse auch Missgunst erzeugten, beweist das originelle **Katzenhaus** (Kaķu nams) schräg gegenüber: Es wurde von einem reichen Kaufmann erbaut, der von der Großen Gilde abgewiesen worden war. Aus Rache ließ er eine Katzenplastik aufs Dach setzen, die dem Gildehaus ihr Hinterteil zuwandte. Ein schwerer Affront, der seine Wirkung nicht verfehlte: Nach langen Diskussionen wurde der streitbare Kaufmann schließlich doch noch aufgenommen – unter der Bedingung, dass er die Katze umdrehte.

❶ Okkupationsmuseum
❷ Schwarzhäupterhaus
❸ Petrikirche
❹ Konventa Sēta
❺ Große und Kleine Gilde
❻ Pulverturm
❼ Jakobikirche
❽ Drei Brüder
❾ Dom
❿ Schloss
⓫ Opernhaus
⓬ Freiheitsdenkmal
⓭ Museum der Schönen Künste
⓮ Elisabetes iela
⓯ Strēlnieku iela
⓰ Alberta iela

Livonija, Meistaru 21, Tel. 722 7824. In einem historischen Kellergewölbe werden Fischgerichte und internationale Küche serviert. ○○

Nördliche Altstadt

Der **Pulverturm ❻** (Kara muzejs), ein Rest der mittelalterlichen Stadtmauer, beherbergt heute einen Teil des Kriegsmuseums (tgl. 10–17 Uhr, April–Sept. bis 18 Uhr). Ringsum verlaufen einige der ältesten Straßen der Stadt. Als einziges Stadttor blieb das **Schweden-**

tor (Zviedru vārti) erhalten, das 1698 durch ein Wohnhaus gebrochen wurde. Die **Jakobikirche ❼** (Sv. Jēkaba baznīca) stammt aus dem 13. Jh. und besitzt den einzigen erhaltenen gotischen Kirchturm Rīgas. 1522 feierte man hier den ersten reformierten Gottesdienst in Lettland; 60 Jahre später wurde die Kirche wieder katholisch und ist heute Sitz des Erzbischofs.

Nur ein paar Schritte weiter stehen die **Drei Brüder ❽** (Trīs brāļi), ein Ensemble, das vor allem durch seine schönen Giebel besticht. Seinen Namen erhielt es analog zu den »Drei

Karte
Seite
41

Am Rathausplatz setzen Schwarzhäupterhaus (rechts) und Petrikirche Akzente

Schwestern« in Tallinn, die ein Kaufmann für seine Töchter errichtet haben soll (s. S. 50). Die Rigaer Häuser können allerdings nicht das Geschenk eines Vaters an seine Söhne gewesen sein: Sie entstanden zu unterschiedlichen Zeiten im 15., 17. und 18. Jh.

*Dom ❾

Der Dom St. Marien ist die größte Kirche des Baltikums. Das protestantische Gotteshaus misst 187 x 43 m und bietet 5 000 Gläubigen Platz – wegen seiner enormen Ausmaße wurde es außerhalb der Stadtmauern errichtet. Auch sonst regieren Superlative: Die Orgel hat 6 768 Pfeifen und war zur Zeit ihrer Fertigstellung 1884 die größte der Welt. 1211 legte Bischof Albert den Grundstein für die Hallenkirche. Ihr heutiges Aussehen und den 90 m hohen Turm erhielt sie bei der Rekonstruktion im Jahr 1776, der ein schwerer Brand vorausging. Das Innere birgt wertvolle Kunstschätze: Besonders sehenswert sind das **Epitaph der Kleinen Gilde** (1604–11), die barocke **Kanzel** (1641) und das geschnitzte **Chorgestühl** der Schwarzhäupter aus

dem 17. Jh. (tgl. 9–18, Mi/Fr 9–17 Uhr). Dem Dom schräg gegenüber liegt die 1852–1855 errichtete **Börse,** in der heute wieder gehandelt wird.

Schloss ❿ (Rīgas pils)

Am Ufer der Daugava erhebt sich das Schloss, das 1330 als Ordensburg erbaut wurde. Bei erbitterten Kämpfen zwischen Ordensrittern und Bürgern wurde es mehrmals zerstört und wieder aufgebaut. Nach dem Zerfall des Ordensstaates diente es als Residenz schwedischer und russischer Gouverneure; heute ist es Präsidentensitz. Es beherbergt zwei Museen: Das **Historische Museum** dokumentiert die Geschichte Lettlands von der Steinzeit bis zum 19. Jh. (Mi–So 11–17 Uhr). Das **Museum für ausländische Kunst** zeigt Kunstgegenstände des 16. bis 19. Jhs. und chinesisches Porzellan (Di–So 11 bis 17 Uhr).

Bei einer **Bootsfahrt auf der Daugava** kann man herrlich entspannen und gleichzeitig Rīga erleben: An der Vanšu-Brücke gegenüber dem Schloss starten mehrmals täglich

Touren mit der »Jūrmala«. Von der Akmens-Brücke legen die »Jelgava«, »Liepāja«, »Vecrīga« und »Misisipi« zu ein- bis zweistündigen Fahrten ab (ab 11 Uhr jeweils zur vollen Stunde).

Karte
Seite
41

Neustadt und Jugendstil

Bastejkalns-Park

Der breite Grünstreifen des Parks trennt Alt- und Neustadt voneinander. Seinen Südteil dominiert das 1863 errichtete **Opernhaus ⑪**, eines der schönsten und traditionsreichsten des Baltikums. Es ist nicht nur für hochkarätige Gastspiele bekannt, auch die Eigenproduktionen finden international Beachtung (siehe Special S. 7). Im alten Ballettsaal ist heute eine stimmungsvolle Bar untergebracht.

Nur einige Schritte entfernt steht vor dem Freiheitsdenkmal der **Laima-Uhrturm,** Rīgas beliebtester Treffpunkt. Die Sozialdemokraten ließen ihn 1924 errichten – um die Arbeiter zur Pünktlichkeit zu mahnen.

Freiheitsboulevard (Brīvības bulvāris)

Der Bastejkalns-Park wird von Rīgas breit angelegter Hauptachse durchschnitten. Auf ihr erhebt sich unübersehbar das 42 m hohe, von Soldaten bewachte ***Freiheitsdenkmal ⑫** (Brīvības piemineklis). Das Werk von Kārlis Zāle wurde am 18. November 1935, dem Unabhängigkeitstag, enthüllt. Bekrönt wird das Denkmal von der Bronzefigur der Freiheit, die drei goldene Sterne zum Himmel streckt: Sie symbolisieren die historischen Provin-

zen Kurzeme, Latgale und Vidzeme. Für die Unabhängigkeitsbewegung hatte das Monument große Symbolkraft; in den 1980ern fanden hier Kundgebungen gegen das Sowjetregime statt (Wachablösung 9–18 Uhr stündlich).

Esplanāde-Park

Gleich im Anschluss lädt der schattige Esplanāde-Park zu einer kurzen Ruhepause ein. Auf seinem Gelände stehen die Kunstakademie und das **Museum der Schönen Künste ⑬**, eines der besten Kunstmuseen des Baltikums. Im marmornen Treppenhaus illustrieren Wandgemälde die Geschichte Lettlands; in den Galerien sind die Werke lettischer und russischer Künstler ausgestellt (Mi–Mo 11–17 Uhr).

Die schönsten **Jugendstilhäuser

Rīgas Zentrum besteht zu einem Drittel aus Jugendstilbauten. Besonders schöne Exemplare stehen in der **Elisabetes iela ⑭**: Die Häuser Nr. 33 und 10 b stammen von Michael Eisenstein. In der **Strēlnieku iela ⑮** spiegelt Haus Nr. 4 a den unerschöpflichen Ideenreichtum des Architekten wider. Seine größte Pracht entfaltet der Jugendstil in der **Alberta iela ⑯**, in der u. a. ein Ensemble aus fünf Eisenstein-Häusern (Nr. 2, 2 a, 4, 6, 8) bewundern kann. Riesige Frauenköpfe und Löwenhäupter blicken auf die Passanten herab; die Eingänge werden von Sphingen bewacht. Haus Nr. 12 war Wohnsitz des Architekten Konstantīns Pēkšēns. Auch der Maler Jānis Rozentāls (s. S. 22) und der Schriftsteller Rūdolfs Blaumanis lebten hier; in ihrer Wohnung ist ein kleines Museum un-

Karte
Seite
41

tergebracht (Mi–So 11–18 Uhr). Es bietet die seltene Gelegenheit, eines der Jugendstilhäuser zu betreten – die meisten befinden sich in Privatbesitz.

Das auf Englisch erschienene Buch **Art Nouveau in Riga** von Silvija Grosa stellt die schönsten Jugendstilgebäude vor. Es ist vor Ort in vielen Buchhandlungen erhältlich.

Traktieris, Antonijas 8, Tel. 733 2455. Russische Küche, von Personal in Tracht serviert. ◯◯

Außerhalb des Zentrums

Wie man vor 100 Jahren in Lettland lebte, zeigt das etwa 10 km östlich des Zentrums gelegene ***Etnografische Freilichtmuseum** (Latvijas etnogrāfis-

kais brīvdabas muzejs) am Juglas-See. Über hundert historische Gebäude aus ganz Lettland wurden hier zusammengetragen, darunter Windmühlen, Holzkirchen, Bauernhäuser und ganze Fischerdörfer. Viele der Gebäude sind auch von innen zu besichtigen. Traditionelle Werkstätten wie z. B. eine Dorfschmiede und eine Töpferei erwachen im Sommer zu neuem Leben; am ersten Juniwochenende findet ein großer Handwerksmarkt statt (Mo–So 10–17 Uhr).

Das Museum ist mit dem Auto über die Brīvības iela zu erreichen oder mit Bus 1 ab Ecke Merķeļa/Tērbatas iela.

Infos

Rīga Informationsbüro, Rātslaukums 6, Tel. 703 7900,

Jugendstil in Rīga

Zu Rīgas Eleganz und weltläufigem Charme trägt nicht zuletzt die prächtige Jugendstilarchitektur bei: Die lettische Metropole besitzt mehr Bauten dieser Epoche als jede andere europäische Stadt. In den letzten Jahrzehnten des 19. Jhs. erlebte Rīga einen gewaltigen Bauboom – ihm ist es zu verdanken, dass noch heute ganze Straßenzüge vom Jugendstil geprägt sind. Die schönsten Beispiele findet man in der Alberta, Elisabetes und Strēlnieku iela: Sphingen, Medusen und andere Fabelwesen sind an den Wänden zu bestaunen; die Architektur scheint hinter wuchernden Pflanzenornamenten fast zu verschwinden. Erbaut wurden die Häuser von lettischen und deutschen Ingenieuren, die

ihrer Fantasie bei der Fassadengestaltung freien Lauf ließen.

Die originellsten Schöpfungen gehen auf **Michael Eisenstein** (1867–1921) zurück. Er kombinierte den Jugendstil mit Motiven aus anderen Kulturepochen, v. a. aus der Antike. Ein weiterer bedeutender Architekt war **Konstantīns Pēkšēns** (1859–1928), der die Artnouveau-Ornamentik nur sparsam einsetzte und an die Funktion der einzelnen Bauteile band. Eine eigenständige lettische Variante des Jugendstils entwickelte eine zweite Generation von Architekten, die sich von der traditionellen Volksarchitektur inspirieren ließ. Ihre Hauptvertreter waren Aleksandrs Vanags und Eižens Laube.

Karte
Seite
41

Rīgas Jugendstilgebäude begeistern mit ihren vielen phantasievollen Ornamenten

Fax 703 7910, www.rigatourism.com; tgl. 10–18, Hauptsaison tgl. 10–19 Uhr. Zweigstelle: Prāgas 1 (Busbahnhof), Tel. 722 0555, tgl. 10–18.30 Uhr.

⭐ Aktuelle Adressen und Veranstaltungstipps verzeichnet das zweimonatlich erscheinende Heft **Rīga in your pocket** (1,20 Ls).

Flughafen: Der Flughafen liegt 8 km südwestlich von Rīga. Die Altstadt erreicht man per Taxi (ca. 8 Ls) oder mit der Buslinie 22, die Zentrum und Hauptbahnhof ansteuert.

Bahnverbindungen: Nach Tallinn, Vilnius, Moskau, Berlin und in alle Städte Lettlands. Auskunft *Lettische Eisenbahn,* Tel. 11 81, www.ldz.lv. Fahrscheine können auch am Schalter (rechts vom Haupteingang) gekauft werden.

Busbahnhof: Prāgas 1, 5–24 Uhr. Hier gibt es Fahrscheine für nationale und einige internationale Routen. Eurolines (Verbindungen nach Deutschland, Moskau und Kiew sowie nach Vilnius und Tallinn) hat ein Büro im Gebäude (www.eurolines.lv).

Hafen: 1 km nördlich der Altstadt. Dreimal wöchentlich verkehrt eine Fähre nach Lübeck.

⭐ Die **Rīga Card** gewährt freie Fahrt im Nahverkehr, freien oder ermäßigten Eintritt bei Museen und Sehenswürdigkeiten sowie Rabatte in Geschäften und bei Taxiunternehmen. Auch eine englischsprachige Altstadttour ist im Preis inbegriffen. Die Karte kostet 8 Ls (für 24 Std.), 12 Ls (für 48 Std.) bzw. 16 Ls (für 72 Std.); Kinder und Jugendliche unter 16 Jahren zahlen die Hälfte. Erhältlich bei der Touristeninformation in großen Hotels oder bei den Reiseagenturen »Latvia Tours« (Kaļķu 8) und »Eurotravel« (Lāčplēša 29).

🏠 **Grand Palace Hotel,** Pils 12, Tel. 704 4000, www.schlossle-hotels.com. Luxushotel im Herzen der Altstadt; das verspielte Mobiliar verbreitet aristokratisches Flair. ○○○
▮ **Bergs,** Bergs Bazār, Elizabetes 83/ 85, Tel. 777 0900, Fax 777 0940, www.hotelbergs.com. Modernes und stylishes Hotel in alten Mauern.

Die Liebe zur Tradition prägt hier jedes Detail – bis hin zur Bettwäsche aus handgewebtem lettischen Leinen. ❍❍❍

❚ **Gutenbergs,** Doma laukums 1, Tel. 781 4090, Fax 750 3326, www.gutenbergs.lv. Komfortable Nobelherberge in einer ehemaligen Druckerei; im Schatten des Domes gelegen. Dachterrasse mit herrlichem Blick auf die Altstadt. ❍❍❍

❚ **Konventa Sēta,** Kalēju 9–11, Tel. 708 7501, Fax 708 7515, www.konventa.lv. Behagliches Hotel im historischen Gebäudekomplex eines früheren Witwenkonvents. ❍❍–❍❍❍

❚ **Laine,** Skolas 11, Tel. 728 8816, Fax 728 7658, www.laine.lv. Aufwändig restauriertes Jugendstilgebäude; nur 10 Gehminuten von der Altstadt entfernt. ❍❍

❚ **Valdemārs,** Valdemāra 23, Tel. 733 4462, Fax 733 3001, www.valdemars.lv. Neu renoviertes, modern gestyltes Haus in schönem Jugendstilgebäude. Zentrumsnah an der Ecke zur Elisabeth-Straße. ❍❍

Otto Schwarz, Kalķu 28, Tel. 708 7623. Im exklusiven Restaurant des Hotel de Rome speist man mit schönem Blick auf das Freiheitsdenkmal. ❍❍❍

❚ **Vincents,** Elizabetes 19, Tel. 733 2634. Küchenchef Mārtiņš Rītiņš begeistert mit kreativer Kochkunst Gäste aus aller Welt. ❍❍❍

❚ **Lido Atpūtas Centrs,** Krasta 76, Tel. 750 4420. Lettische Küche vom gigantischen Buffet und Bier aus der Hausbrauerei. Abends Livemusik. ❍❍

❚ **Staburags,** A. Čaka 55, Tel. 722 3017. Traditionelle Gerichte in üppigen Portionen. ❍❍

❚ **Charlestons,** Blaumaņa 38/40, Tel. 777 0573. *Der* Treffpunkt für lettische Heimkehrer aus Kanada. Die gute internationale Küche

begeistert jedoch ganz unabhängig von der Staatsangehörigkeit. ❍

❚ **Kalķu Vārti,** Kalķu 11 a, Tel. 721 2575. Auf der empfehlenswerten Mittagskarte stehen Köstlichkeiten wie Pfannkuchen mit Kaviar. ❍

Die großen Hallen des ***Zentralmarkts** (Centrāltirgus) waren einst Hangars für Zeppeline. Heute werden innen Lebensmittel, außen Kleidung, Haushaltsgeräte und Tonträger verkauft (Prāgas 1, tgl. 9–16 Uhr).

❚ Im denkmalgeschützten Gebäudekomplex des **Berga Bazars** (Elizabetes 85) warten schicke Boutiquen auf kaufkräftige Kunden.

❚ Die Buchhandlung **Jāņa Rozes** (Hauptsitz Barona 5) hat das größte Sortiment der Stadt und führt auch deutsche Literatur.

❚ **Senā Klēts,** Merķeļa 13. Trachten aus allen Regionen Lettlands.

❚ **Tīne,** Vaļņu 2. Qualitätvolles, lettisches Kunsthandwerk.

❚ Schöne Kopien mittelalterlicher baltischer und skandinavischer Schmuckstücke fertigen die Juweliere Inita und Vitauts Straupe an: **Galerie »Tornis«,** Grecinieku 11–2.

In der **Skyline-Bar** im 26. Stock des Reval Hotel Latvija kann man seinen Cocktail mit Blick auf die Altstadt schlürfen (Elizabetes 55, Tel. 777 2222; Fr/Sa bis 3 Uhr).

❚ **Rīgas Balzams,** Torņa 4, Tel. 721 4494. Gemütliche Bar, beliebt bei Botschaftspersonal. In Mixgetränken schmeckt der lettische »Balsam« gar nicht mal schlecht.

❚ **Bites Blūzs Klubs,** Dzirnavu 34 a, Tel. 733 3125. Livebands aus aller Welt. Mo–Do 12–23, Fr/Sa 12–2 Uhr.

❚ **Pulkvedim Neviens Neraksta,** Peldu 26–28, Tel. 721 3886. Hier wird Rock, Punk und House aufgelegt. Mo–Do 12–3, Fr/Sa 12–5 Uhr.

****Tallinn**

Handel, Hafen, Hanse

Dem Zentrum Tallinns ist nicht mehr anzusehen, dass der Putz seiner Häuser noch vor nicht allzu langer Zeit in sozialistischer Eintönigkeit bröckelte – anders als manchen Vierteln am Rand der Stadt, in der rund 30 % der Esten leben. Rund um den Rathausplatz und in den kopfsteingepflasterten Gassen leuchten pastellfarbene Zuckerbäckerfassaden unter roten Ziegeldächern. Die Altstadt ist zweigeteilt: In den Palästen der Oberstadt residieren heute Botschaften, Banken und Ministerien. Schon als Tallinn noch Reval hieß und Hansestadt war, verschanzten sich hier Adel und hohe Geistlichkeit vor dem Handel treibenden Fußvolk in der Unterstadt. Eine solide Mauer trennte die beiden Welten, zur Sicherheit verschloss man abends sogar die Tore. Dennoch kam es immer wieder zu heftigen Scharmützeln. Heute schlägt das Herz der Altstadt in der Unterstadt, die nach wie vor dem Handel gehört.

1154 wurde Tallinn erstmals erwähnt. 1219 kamen die Dänen; im 15. und frühen 16. Jh. erlebte die Hansestadt Reval unter der Herrschaft des Deutschen Ordens eine Blütezeit. Sie hat im Stadtbild bleibende Spuren hinterlassen: Mit den gotischen Gebäuden, den Türmen und der Stadtmauer ist Tallinns Altstadt heute das am besten erhaltene mittelalterliche Ensemble in Europa und wird zum UNESCO-Weltkulturerbe gezählt. Im 16. Jh. zogen die Schweden in Tallinn ein, im 18. Jh. eroberte Peter der Große die Stadt. Auch diese Epochen haben das Stadtbild geprägt, so dass man in der Alt-

Das gotische Rathaus von 1341

Karte Seite 49

stadt heute auf Schritt und Tritt den Zeugnissen einer großen Vergangenheit begegnet.

⚡ Tallinns Altstadt ist flächendeckend kopfsteingepflastert. Bequeme Schuhe sind unverzichtbar!

Weg 1

Wo Tallinns Herz schlägt – die Unterstadt

Nikolaikirche ❶

In Tallinn ist es nie weit bis zur nächsten Kirche. Die Nikolaikirche (Niguliste kirik) wurde im 13. Jh. von deutschen Kaufleuten und Handwerkern erbaut. Heute dient sie als Konzertsaal und als Zweigstelle des Estnischen Kunstmuseums, in der sakrale Kunst des Mittelalters gezeigt wird. Herausragende Stücke sind der **Hauptaltar** vom Lübecker Meister Hermen Rode (1481) und ein Fragment des **»Totentanzes«** von Bernt Notke (15. Jh.), der

Karte
Seite
49

ebenfalls aus Lübeck stammte (Mi–So 10–17 Uhr). Am Wochenende finden um 16 Uhr Orgelkonzerte statt.

Am Rathausplatz

Der Rathausplatz (Raekoja plats) ist das pulsierende Zentrum der Altstadt mit Cafés, Restaurants und Markt (jeden Sa). Beherrscht wird er vom gotischen **Rathaus ❷** (Raekoda), das eindrucksvolle Wasserspeier in Form von Drachenköpfen besitzt. Von der Aussichtsplattform des achteckigen Turms bietet sich ein schöner Rundblick (Di–Sa 10–16 Uhr). Die Turmspitze ziert seit dem 16. Jh. der Alte Thomas (Vana Toomas), eine Wetterfahne in der Form eines Landsknechts.

Rund um den Rathausplatz sind einige der schönsten gotischen Fassaden der Stadt aufgereiht, darunter die

Eine Stadt wie eine Burg

Im Lauf der Jahrhunderte wurde Tallinn immer wieder belagert – und war das gerade einmal nicht der Fall, bereitete sich die Festung der Hanse auf den nächsten Angriff vor. Deshalb sieht die Altstadt noch heute aus wie eine riesige Burganlage. Mit 45 Türmen und einer 3 m dicken und 16 m hohen Stadtmauer galt Reval im Mittelalter als die am besten befestigte Stadt in Nordeuropa. 19 Türme haben die Stürme der Zeit überdauert. Sie beherbergen heute Museen – wie die Dicke Margarethe und der Kiek in de Kök – oder Restaurants wie der Hellemann-Turm. In anderen sind Büros und extravagante Wohnungen untergebracht.

Ratsapotheke ❸ (Mo–Fr 9–19, Sa 9 bis 17 Uhr) aus dem 15. Jh., eine der ältesten Apotheken Europas. Sie befand sich von 1583 bis 1911 durchgehend im Besitz der gleichen Familie.

Bevor man den Rundgang fortsetzt, kann man bei einer Kaffeepause auf dem Rathausplatz die Wahl zwischen Shopping und Schauen treffen.

Rund um den Rathausplatz herrscht an Kneipenstühlen kein Mangel. Tipp für Schokoladen-Liebhaber: Gehen Sie noch ein paar Schritte weiter zum kleinen **Café von Anneli Viik** (Pikk 30, Tel. 6444 530). Dort gibt es zum Kaffee handgemachte Pralinen und köstlichen Kuchen. Alles mit ganz viel Schokolade. Mo bis Sa 11–23, So 11–19 Uhr. ○

Unweit vom Rathaus beginnt die Viru, Tallinns beliebteste Einkaufsmeile. Alle internationalen Ketten sind hier vertreten. Vor der Stadtmauer (Ecke Viru) liegt linker Hand der **Wollmarkt ❹** (Müürivahe), wo es Handgestricktes in leuchtenden Farben und skandinavisch geprägten Mustern gibt – und das immer noch recht preiswert.

❶ Nikolaikirche
❷ Rathaus
❸ Ratsapotheke
❹ Wollmarkt
❺ Historisches Museum
❻ Heiliggeistkirche
❼ Schwarzhäupterhaus
❽ Olaikirche
❾ Drei Schwestern
❿ Dicke Margarethe
⓫ Stadtmuseum
⓬ Kiek in de Kök
⓭ Alexander-Newski-Kathedrale
⓮ Schloss Toompea
⓯ Domkirche
⓰ Okkupationsmuseum
⓱ Kunsthalle

Straße der Gilden – die Pikk

Wer sich fürs Schauen entscheidet, schlendert durch die Pikk (»Lange Straße«), die Hauptschlagader der Unterstadt. Auf ihr wurden einst die Handelsgüter vom Stadtzentrum zum Hafen transportiert, weswegen sie von prächtigen Kaufmannshäusern und Kontoren gesäumt ist. Im Haus der Großen Gilde ist das **Historische Museum ❺** (Ajaloomuuseum) untergebracht. Schon die Fassade des 1407–10 errichteten Gebäudes ist sehenswert; im Inneren dokumentieren

Münzen, Gemälde und archäologische Fundstücke die Geschichte Estlands (Do–Di 11–18 Uhr). In der ***Heiliggeistkirche ❻** (Pühavaimu Kirik) aus dem 13. Jh. wurden nach der Reformation die ersten Gottesdienste in estnischer Spache abgehalten. Ihr schöner Barockturm macht sie zu einer der meistfotografierten Kirchen der Stadt. Im Inneren lassen sich einzigartige Kunstschätze entdecken: Herausragend sind die Kanzel (1597), das barocke Chorgestühl und der 1483 vom Lübecker Meister Bernt Notke erschaffene Flügelaltar.

Karte Seite **49**

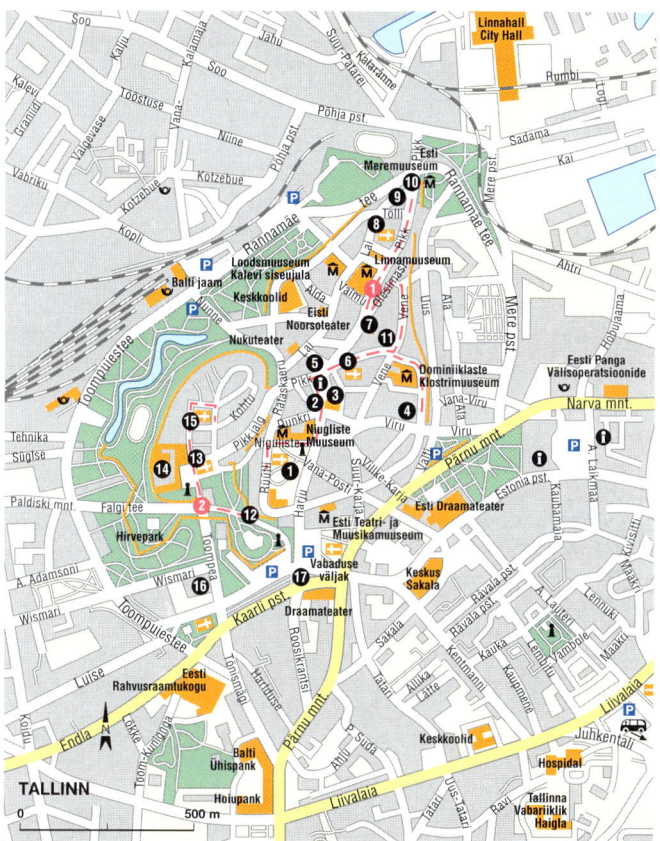

Karte Seite 49

Das **Schwarzhäupterhaus** ❼ erhielt seine prächtige Fassade 1597. Unter dem Patronat des schwarzen Schutzheiligen Mauritius fanden sich hier ledige Kaufleute zusammen. Das Haus ist nur im Rahmen von kulturellen Veranstaltungen zu besichtigen.

Der 124 m hohe Turm der **Olaikirche** ❽ (Oleviste Kirik, tgl. 10–14 Uhr) ist Tallinns Wahrzeichen. Mit 159 m war er einst einer der höchsten Europas. Die Kirche stammt aus dem 13. Jh., verdankt ihr heutiges Aussehen aber dem 19. Jh.

An der Ecke Tolli tänav/Pikk stehen die **Drei Schwestern** ❾ (Kolm õde), ein Baukomplex aus dem 15. Jh., der das Pendant zu den »Drei Brüdern« in Riga bildet. Seit 2003 beherbergt er das gleichnamige Luxushotel. An der Strandpforte wacht die **Dicke Margarethe** ❿ (Paks Margareeta), ein Geschützturm aus dem 16. Jh., in dem das Estnische Museum für Seefahrt untergebracht ist (Mi–So 10–18 Uhr).

Abstecher zum *Stadtmuseum ⓫
Der Rückweg zum Rathausplatz führt über die Vene tänav, die ungefähr parallel zur Pikk verläuft. In einem Kaufmannshaus aus dem 14. Jh. ist dort das Stadtmuseum (Linnamuuseum) untergebracht, das die Geschichte Tallinns bis in die Gegenwart dokumentiert. In der obersten Etage sind Exponate aus dem Zweiten Weltkrieg und aus der Sowjetzeit ausgestellt. Eine Wand mit Fotos von den Auftritten sowjetischer Parteigrößen lässt sich zur Seite ziehen und enthüllt das wahre Leben dahinter – Zeugnisse vom Widerstand, der nicht selten in Sibirien endete (Vene 17; Mi–Mo 10.30–18 Uhr).

Weg 2

****Oberstadt/Domberg (Toompea)**

Hier konzentriert sich Tallinns mittelalterlicher Charme: Wenn Kreuzfahrtschiffe im Hafen liegen, kann es eng werden zwischen Besuchergruppen und fliegenden Händlern. Man erreicht den Domberg auf zwei Wegen: Das »Kurze Bein« (Lühike jalg) führt über viele Stufen geradewegs nach oben; das weniger steile »Lange Bein« (Pikk jalg) folgt der Mauer zwischen Unter- und Oberstadt.

Warum Tallinn niemals vollendet sein wird

Viele estnische Mythen und Märchen erzählen von unheimlichen Vorkommnissen in der dunklen Jahreszeit. Sie liefern auch einen triftigen Grund dafür, warum die Bauarbeiten an Tallinn wohl nie abgeschlossen sein werden. Einer Legende zufolge kommt nämlich jedes Jahr an einem finsteren Herbstabend ein alter Mann vom nahen Ülemiste-See herüber und erkundigt sich am Stadttor, ob Tallinn denn nun fertig sei. Von alters her besteht die Weisung, ihm auf diese Frage eine negative Antwort zu erteilen: Der unheimliche Greis schüttelt dann den Kopf, murmelt Unverständliches und schlurft missgelaunt zum See zurück. Im Falle einer positiven Antwort würde er, so heißt es, den See über die Ufer treten lassen und Tallinn darin ertränken. Und damit hat es natürlich niemand eilig.

Die Flaniermeile Viru lädt zum Bummeln, die vielen Straßencafés zur Pause ein

Im ***Kiek in de Kök ⑫**, einem mächtigen Kanonenturm aus dem 15. Jh., ist eine Zweigstelle des Stadtmuseums untergebracht. Der Name leitet sich vom niederdeutschen »Guck in die Küche« ab: Von den Schießscharten konnte man angeblich den Nachbarn in die Kochtöpfe sehen. In die Mauern wurden neun Kanonenkugeln eingelassen, die an die Belagerung durch Iwan den Schrecklichen im 16. Jh. erinnern (Di–So 10.30–17.30 Uhr).

Newski-Kathedrale und Schloss

Die Kuppeln und Zwiebeltürme der ***Alexander-Newski-Kathedrale ⑬** dominieren Tallinns Silhouette. 1894 bis 1900 erbaut, ist sie im Inneren reich mit Mosaiken und Ikonen geschmückt. Die Glocke gilt als größte Estlands und wiegt über 15 t (tgl. 8 bis 19 Uhr).

Gegenüber liegt ***Schloss Toompea ⑭** (Toompea loss), heute Sitz des estnischen Parlaments (keine Besichtigung). Dem repräsentativen Bau wurde im 18. Jh. ein Großteil der alten Burg geopfert. Von ihr zeugen noch

der **Lange Hermann** (Pikk Hermann), der größte erhaltene Turm, sowie die Nord- und Westmauer und zwei weitere Türme. Die ursprüngliche Barockfassade wurde während der Oktoberrevolution zerstört und später im Art-déco-Stil wieder aufgebaut.

*Dom ⑮

Enge Gassen führen zum Dom (Toomkirik), einer der ältesten Kirchen des Landes. Ihr Erscheinungsbild ist spätgotisch, doch schon im 13. Jh. wurde hier für die deutsche Ritterschaft die Messe gelesen. Das Kircheninnere birgt wertvolle Kunstschätze, darunter einen barocken **Altar** und eine **Kanzel.** Einen Höhepunkt bilden die **Grabmäler** mit lebensgroßen Figuren der Verstorbenen und die farbenprächtigen **Wappenschilde** des deutschbaltischen Adels (tgl. 9–18 Uhr).

Im hellgrünen Haus der Ritterschaft am Kirchplatz war lange ein Teil des Estnischen Kunstmuseums untergebracht. Seit der Eröffnung des neuen »Kumu« in Kadriorg im Jahr 2006 steht das Haus leer.

Karte
Seite
49

Den schönsten Blick auf Tallinn genießt man von den vier Aussichtsterrassen rund um die Oberstadt – auf die roten Dächer der Unterstadt, die Kirchtürme und den Hafen.

Café Bogapott, Pikk jalg 9, Tel. 631 3181. Das gemütliche Café scheint mit der Stadtmauer des Dombergs verwachsen zu sein. Serviert werden Sandwiches und Kuchen (10–18 Uhr). Im Nebenraum kann man Töpfern bei der Arbeit zusehen – und die schönsten Stücke gleich als Souvenir mitnehmen. ○

Außerhalb der Altstadt

Die Toompea führt vom Schlossplatz hinab zum **Okkupationsmuseum ⑯**, das die deutsche und sowjetische Besatzungszeit dokumentiert (Di–So 11 bis 18 Uhr; www.okupetsioon.ee).

Infos

Informationszentrum Tallinn, Niguliste 2/Kulassepa 4, Tel. 645 7777, Fax 645 7778, www.tourism.tallinn.ee; Mai/Juni Mo–Fr 9–19, Sa/So 10–17 Uhr, Juli/Aug. Mo–Fr 9–20, Sa/So 10–18 Uhr, Sept. Mo–Fr 9–18, Sa/So 10–17 Uhr, Okt.–April 9–17, Sa 10–15 Uhr, So geschl.; Zweigstelle: Mündi 2.

Einen Überblick über aktuelle Veranstaltungen und neueste In-Adressen bietet der zweimonatlich erscheinende, englischsprachige Führer »Tallinn in your pocket« (35 EEK).

Flughafen: Der Flughafen liegt etwa 15 Autominuten südöstlich der Altstadt; Busverbindung alle 20 Min. (7–24 Uhr; Fahrpreis 15 EEK). Taxi ins Zentrum ca. 80 EEK.

Busbahnhof: Tallinna Bussiterminal (Lastekodu 46, Tel. 680 0900, www.bussireisid.ee). Verbindungen nach Riga und Vilnius (www.eurolines.com), nach Deutschland, Polen, Russland sowie in jedes größere Dorf Estlands. **Bahnverbindungen:** Nach Viljandi, Tartu, Narva, Pärnu und Moskau. **Schiffsverbindungen:** Fähren nach Helsinki, Stockholm und Rostock.

Die **Tallinn Card** gewährt freien Eintritt in Museen und Sehenswürdigkeiten, freie Benutzung öffentlicher Verkehrsmittel sowie Vergünstigungen in Restaurants und Geschäften. Sie kostet 6 (6 Std.), 16 (24 Std.), 19 (48 Std.) bzw. 22,50 € (72 Std.) und ist erhältlich am Flughafen und am Hafen, in den Tourismusbüros und in den meisten Hotels.

The Three Sisters, Pikk 71/Tolli 2, Tel. 630 6300, Fax 630 6301, www.threesistershotel.com. Das Fünf-Sterne-Hotel ist in einem liebevoll restaurierten Baukomplex aus dem 15. Jh. untergebracht und bietet jeden erdenklichen Luxus. ○○○
❚ **Merchant's House,** Dunkri 4/6, Tel. 697 7500, Fax 697 7501, www.merchantshousehotel.com. Ähnlich wie die »Three Sisters« ein modernes und komfortables Haus in mittelalterlichem Gebäude. An der Bar kann man seinen Wodka in einer in den Tresen eingelassenen Schicht Eis versenken. ○○○
❚ **St. Petersbourg,** Rataskaevu 7, Tel. 628 6500, Fax 628 6565, www.schlossle-hotels.com. Traditionsherberge aus dem 19. Jh.; gediegener Luxus in Schrittweite vom Rathausplatz. ○○○
❚ **Unique Stay,** Toompuiestee 23, Tel. 660 0700, Fax 661 6176, www.uniquestay.com. Durchgestylte, modern-kühle Unterkunft am west-

Je nach Blickwinkel wirkt Tallinn wie eine mittelalterliche Burg

lichen Rand der Altstadt. Die Zimmer nennen sich »chill-out zones« und verfügen durchgängig über Computerterminals mit Internetzugang. ◐◐

▮ **Meriton Old Town Hotel,** Lai 49, Tel. 614 1300, Fax 614 1311, www. meritonhotels.com. Modern ausgestattetes Hotel in einem Gebäude des 19. Jhs.; schöne Lage am Nordrand der Altstadt. In die Lobby ist ein Teilstück der Stadtmauer integriert. ◐◐

Le Bonaparte, Pikk 45, Tel. 646 4444, www.bonaparte.ee. Französische Küche in einem liebevoll restaurierten Gebäude des 17. Jhs. Selbst die Pralinen zum Kaffee werden in der hauseigenen Konditorei hergestellt. »Le Cellier« im Kellergewölbe hat etwas moderatere Preise. ◐◐◐

▮ **Klafira,** Vene 4, Tel. 667 5144, www.klafira.ee. Hervorragende russische Spezialitäten (z. B. Blini mit Kaviar) und schönes Ambiente. Im Sommer sitzt man vor dem Haus in tiefen Korbsesseln. ◐◐–◐◐◐

▮ **Kuldse Notsu Kõrts,** Dunkri 8, Tel. 628 6567. Neben estnischen Gerichten mit Schweinebraten, Blutwurst und Sauerkraut stehen

auch vegetarische Mahlzeiten auf der Speisekarte. ◐◐

▮ **Olde Hansa,** Vanaturg 1, Tel. 627 9020, www.oldehansa.com. Mittelalterliche Speisen, Gewürzbier, Pfeifenklänge und kostümiertes Personal beschwören Tallinns Vergangenheit herauf. ◐◐

▮ **Balthasar,** Raekoja plats 11, Tel. 627 6400. Hier wird alles mit Knoblauch zubereitet – sogar die Desserts (z. B. Eis mit mariniertem Knoblauch). Beim Essen genießt man einen schönen Blick auf den Rathausplatz. ◐◐

In der **Amber Mall** gibt es Bernstein in allen erdenklichen Formen und Verarbeitungen. Viru 1 bis Vene 2, Tel. 6675 150, tgl. 9–20 Uhr.

▮ **Katharinengilde,** Vene 12. Hochwertiges estnisches Kunsthandwerk.

▮ **Viru Center** (Viru Keskes), Viru väljak 4/6, www.virukeskus.com. Einkaufszentrum am Rand der Altstadt mit dem ausgezeichneten Bistro »Bestseller« (im dritten Stock) des ehemaligen Fernsehkochs Imre Kose.

▮ **Markt** hinter dem Hauptbahnhof (8–18 Uhr). Hier gibt es fast alles, was man braucht, sehr günstig.

**Karte
Seite
90**

Nimega Baar, Suur-Karja 13. In der »Bar mit Namen« trifft sich trendiges Publikum (11–2 Uhr), während man es in der »Bar ohne Namen« gleich gegenüber (**Nimeta Baar,** Suur-Karja 4, 11–2 Uhr) eher entspannt angehen lässt.

▮ **Café Amigo,** im Hotel Viru, Viru väljak 4, www.amigo.ee.
Populärer Livemusik-Club; ab 21 Uhr spielen Rock- und Blues-Bands.

▮ **Bonny & Clyde,** im Hotel Olümpia. Hier tanzen Twenty- und Thirtysomethings in den Morgen (ab 21 Uhr).

▮ In der **Davidoff Cigar Bar** (Sigara Maja) kann man es sich mit Zeitungen und einem Kognak in tiefen Ledersesseln gemütlich machen (Raekoja plats 16, Mo–Sa 11–24, So 11–16 Uhr).

Ausflüge

*Schloss Katharinental (Kadriorg)

3 km östlich der Altstadt liegt Schloss Katharinental, das schönste Beispiel estnischer Barockarchitektur. Zar Peter der Große ließ es 1718–36 als Sommerresidenz für seine geliebte Gattin Katharina errichten. Heute beherbergt der herrschaftliche Bau ein Kunstmuseum mit Sammlungen westeuropäischer und russischer Kunst. Prachtvollstes Exponat ist jedoch das Schloss selbst: Die Entwürfe gehen auf den italienischen Architekten Niccolò Michetti zurück. Besonders sehenswert ist der **Weiße Saal** mit reichen Stukkaturen und einem Deckengemälde mit Szenen aus Ovids »Metamorphosen« (Di/Mi, Fr–So 10–17, Do 10–21 Uhr). Im »**Peterhaus**«, dem Cottage Peters des Großen, befindet sich eine kleine Ausstellung über sein Leben (Mi–So 11–16 Uhr). Im einstigen Küchengebäude des Schlosses ist heute die **Sammlung Johannes Mikkel** untergebracht. Der Kaufmann und Kunstsammler aus Tartu trug eine Kollektion zusammen, die Malerei, Druckgrafik, Keramik und Porzellan umfasst (Mi–So 11–17 Uhr).

Schloss Katharinental und Museum »Kumu«

2006 wurde Estlands neues nationales Kunstmuseum eröffnet, eine futuristische, oberhalb des Schlosses gelegene Anlage des finnischen Architekten Pekka Vapaavuori. Es ist das größte Museum des Landes. Auf mehreren Ebenen ist estnische Kunst vom frühen 18. Jh. bis heute zu sehen (Mai–Sept Di–So 11–18, Do 11–21, Okt.–April Mi bis So 11–18 Uhr; Weizenbergi 34, www.ekm.ee).

*Rocca al Mare

Im Freilichtmuseum Rocca al Mare 8 km westlich der Altstadt wurden über 70 Gebäude traditioneller Bauernhöfe aus allen Regionen Estlands aufgebaut. Die meisten stammen aus dem 19. Jh. Es gibt Windmühlen, eine Holzkirche und eine alte Dorfschenke, in der man sich mit ländlichen Gerichten stärken kann. Am Wochenende treten Folkloregruppen auf, und Handwerker demonstrieren ihr Können (tgl. 10–20 Uhr; www.evm.ee).

Pirita

In Pirita wurden bei den Olympischen Spielen 1980 die Segelwettbewerbe ausgetragen. Heute sind der 2 km lange **Sandstrand** und der Yachthafen beliebte Naherholungsziele. Ebenfalls an der Tallinner Bucht liegt der **Sängerfestplatz,** von dem die »singende Revolution« ihren Ausgang nahm. Alle fünf Jahre findet hier das Sängerfest statt. Im Sommer sind die malerischen Ruinen des **Brigittenklosters** Schauplatz von Theateraufführungen (tgl. 10–18 Uhr; www.piritaklooster.ee).

Alexander-Newski-Kathedrale

Urlaubsträume am Haff: Westlitauen

**Klaipėda → ***Kurische Nehrung → **Nida → Palanga → *Telšiai → Šiauliai → **Berg der Kreuze → Memeldelta → **Klaipėda (457 km)

Von Klaipėda mit seiner hübschen Altstadt setzt man über zur Kurischen Nehrung, wo sich leicht ein ganzer Urlaub verträumen lässt: Die lichten Kiefernwälder, himmelhohen Dünen und bunten Blumengärten vor den alten Fischerkaten beschwören das Bild einer längst vergangenen Zeit. Zurück auf dem Festland wartet das Kontrastprogramm: Im Badeort Palanga tobt das Leben auch nach Sonnenuntergang. Von hier aus geht es ins Hinterland mit kleinen Dörfern, uralten Kirchen und einer faszinierenden Pilgerstätte. Die urwüchsige Landschaft des Memeldeltas lädt zu Wanderungen und Bootsausflügen ein. Eine Woche sollte man für diese Tour einplanen, wenn man ein paar Tage auf der Nehrung verbringt.

**Klaipėda ❶

Vor 100 Jahren lebten fast so viele Deutsche wie Litauer in der Stadt, die damals Memel hieß. Man sieht es noch: »Germania-Speicher« ist in verblassten Lettern an einer alten Fassade am Danèufer zu lesen. 1923 fiel Klaipėda an Litauen, 1939 ging es an Deutschland zurück. Im Zweiten Weltkrieg wurde die Stadt stark zerstört, fast alle Einwohner flohen. Heute leben 200 000 Menschen in Klaipėda, das trotz des großen Industriehafens eine angenehme Kleinstadtatmosphäre bewahrt hat. Die Altstadt, in der noch vieles an die deutsche Vergangenheit erinnert, steht unter Denkmalschutz.

Spaziergang durch die Altstadt

Die geometrisch angelegte, kopfsteingepflasterte Altstadt erstreckt sich am Südufer der Danė. Ihr Mittelpunkt ist der frisch restaurierte Theaterplatz (Teatro aikštė). Vor dem Simon-Dach-Brunnen mit der ***Ännchen-Statue** verkaufen Kinder die deutschsprachige Zeitung, die hier noch immer erscheint. Die ältesten Häuser der Stadt, darunter schöne Fachwerkbauten, sind in der Aukštoji gatvė zu bewundern. In der **Alten Post** (Nr. 13) kann man seine Urlaubsgrüße mit Sonderstempeln versehen lassen; im Nebenraum wird Kunsthandwerk gezeigt. Ausstellungen zeitgenössischer litauischer Kunst finden im restaurierten **Alten Speicher** statt (Nr. 3). Das nahe **Klein-Litauen-Museum** (Mazosios Lietuvos istorijos muziejus) dokumentiert die Geschichte des Memellandes (Dizdiojo vandens 6, Di–Sa 10 bis 17.30 Uhr; www.mlimuziejus.lt).

Meridianas, Danės krantinė, Tel. 310601. Restaurant mit internationaler Küche in einem alten Dreimaster, der bei der Brücke zur Neustadt am Danėkai liegt. ○○

Neustadt

Nördlich der Danė ist die Liepų gatvė (Lindenstraße) sehenswert, in der zur Gründerzeit vermögende deutsche Bankiers und Kaufleute residierten. Bauten des Historismus, Läden und Cafés säumen die hübsche, baumbestandene Allee. Eines der schönsten Gebäude (Nr. 16) ist das **Hauptpostamt** aus dem Jahr 1893, ein neugoti-

Am Theaterplatz von Klaipėda: Simon-Dach-Brunnen mit dem Ännchen von Tharau

scher Bau mit Glockenspiel. Auf Kulturinteressierte warten das **Uhrenmuseum** (Nr. 12; Di–Sa 12–17.30, So 12 bis 16.30 Uhr) und die **Gemäldegalerie** mit litauischer Kunst des 18.–20. Jhs. (Nr. 33; Di–Sa 12–18, So 12–17 Uhr). Am Ende der Straße liegt der **Skulpturenpark** (Mažvydo skulptūrų parkas). An der Stelle des alten Zentralfriedhofs, den die Sowjets 1977 planierten, sind heute unter freiem Himmel die Arbeiten litauischer Bildhauer ausgestellt.

Touristeninformation Klaipėda, Turgaus 7, Tel. 46/412186, www.klaipeda.lt; Mo–Fr 9–18, Sa/So 10–16 Uhr, im Winter Mo–Fr.

Fähren zur Nehrung: Vom Alten Hafen am südlichen Daneufer (Žvejų gatvė) nach Smiltynė (im Sommer 2-mal, im Winter 1-mal stdl.); Autos werden hier nur bei wenig Betrieb mitgenommen. Die Autofähre legt vom Neuen Hafen im Stadtteil Smeltė ab (Nemuno gatvė 8); zu Stoßzeiten im Sommer alle 20 Min., im Winter alle 40 Min., sonst 1-mal stdl. Fahrpläne: www.keltas.lt; Tel. 46/311117 (rund um die Uhr). Preise: pro Pkw 32 Lt, pro Person 1,50 Lt.

Navalis, H. Manto 23, Tel. 46/404200, Fax 404202, www.navalis.lt. Schönes, 2002 eröffnetes Hotel in der Altstadt, mit Pool. ○○○

▌**Klaipėda,** Naujoji Sodo 1, Tel. 46/404372, Fax 404373, www.klaipedahotel.lt. Großes, modernes Hotel am Hafen; umfassendes Serviceangebot. ○○○

▌**Morėna,** Audros 8a, Tel. 46/351314, Fax 401905, www.morenahotel.lt. Familiäre Unterkunft; ca. 4 km außerhalb in Strandnähe gelegen. ○○

Memelis, Žvejų 4, Tel. 403040. Europäische Küche litauischer Prägung; im Obergeschoss Bar und Disko. ○○

▌**Senoji Hansa,** Kurpių 1, Tel. 400056. Gemütliches, preiswertes Altstadtrestaurant mit litauischer Küche. ○○

▌**Stora antis,** Tiltų 6, Tel. 493910. Solide russische Küche in einem nettem Kellerlokal. ○

Kurpiai, Kurpių 1 a, Tel. 410555. Beliebter Livemusik-Club (Jazz, Rock, Blues) mit kleiner Tanzfläche und Restaurant.

1

Karte
Seite
58

***Kurische Nehrung (Kuršių nerija)

Die Landzunge erstreckt sich über 98 km vor der Küste. An ihrer schmalsten Stelle ist sie 380 m breit, an der weitesten 2,8 km – das Rauschen der Ostsee ist fast überall zu hören. Ganz leicht verliert man hier das Zeitgefühl: Der Gegend mit Kiefernwäldchen, Dünen und schmucken Fischerdörfern haftet etwas Weltentrücktes an.

Die Idylle scheint perfekt, doch weil man den Wald in den letzten Jahrhunderten stark dezimierte, wankt das ökologische Gleichgewicht. Die Dünen begannen zu wandern und haben bis zum 19. Jh. 14 Dörfer unter sich begraben. Durch Wiederaufforstungsprogramme versucht man heute der Versandung zu begegnen.

! Die Nehrung ist seit 1991 Naturschutzgebiet; Autotouristen müssen eine Gebühr von 20 Lt (ca. 6 €) entrichten. Das Parken ist nur auf dafür vorgesehenen Parkplätzen erlaubt.

Smiltynė und Juodkrantė

Smiltynė ❷ (Sandkrug) besitzt neben schönen Stränden ein Meeresmuseum mit Aquarium und Delfinarium (Juni–Aug. Di–So 10.30–18.30, Mai bis Sept. Mi–So 10.30–17.30, Okt.–April Sa/So 10.30–16.30 Uhr). Weiter fährt man durch lichten Kiefernwald nach **Juodkrantė**. Ein Rundweg führt von hier aus den nahen *Hexenberg (Raganu), entlang an bis zu 5 m hohen Holzschnitzfiguren, die litauischen Märchen entsprungen sind. Den Weg nach Pervalka begleiten große Wanderdünen; südlich von Preila liegt der Elchbruch, ein Waldgebiet, durch das noch heute Elche streifen. Nach insgesamt ca. einstündiger Fahrt erreicht man Nida, wo der litauische Teil der Nehrung endet.

**Nida ❸

Nida (50 km) ist der schönste Ort der Nehrung. Seine außergewöhnliche Natur zog von jeher Künstler an, darunter Maler der expressionistischen »Brücke«. Berühmte Werke von Ernst Ludwig Kirchner, Karl Schmidt-Rottluff und Max Pechstein entstanden hier. Als Künstlertreff etablierte sich der traditionsreiche **Gasthof Blode,** in dem auch Thomas Mann bei seinem ersten Besuch in Nida abstieg. Das Haus gehört heute zum Hotel »Nidos Smiltė«, kann aber besichtigt werden (Mai–Okt. tgl. 9–19 Uhr).

Das reetgedeckte ****Thomas-Mann-Haus** ließ der Schriftsteller 1930 auf dem »Schwiegermutterberg« erbauen, einem kleinen Hügel unweit der Kirche. Er war begeistert von der schönen Aus-

sicht. »Unser Haus lag sehr hübsch«, erinnerte sich Katia Mann. »Es lag mit Blick auf das Haff, und im Rücken hatten wir den Wald. Jeden Morgen vor dem Frühstück gingen wir spazieren, und selten begegnete man wem …« Heute ist das Haus ein Gedenkmuseum für den Nobelpreisträger. Vom Fenster des ehemaligen Arbeitszimmers kann man wie einst der Dichter über das Haff schauen (Skruzdynės 17; Juni–Aug. Di–So 10–18, sonst Di bis Sa 11–17 Uhr; www.mann.lt).

Den Zauber, den die Nehrung auf die Künstler ausübte, lassen **Katia Manns** »Ungeschriebene Memoiren« und **Thomas Manns** »Tagebücher« nachvollziehen (Fischer Taschenbuch Verlag).

Das Zentrum von Nida prägen alte Fischerhäuser, deren Fassaden im typischen »Kurisch-Blau« erstrahlen. Im Hafen liegen Kähne mit geschnitzten Wimpeln. Neben dem malerischen **Alten Friedhof** lohnt das **Bernsteinmuseum** einen Besuch. Eine Ausstellung dokumentiert die Geschichte des »Baltischen Goldes«, das man hier in unterschiedlichster Verarbeitung auch kaufen kann (Pamario 20; Juni–Aug. tgl. 9–21, Mai/Sept. 10–19 Uhr; www.ambergallery.lt).

**Große Düne

Von einzigartiger Schönheit ist die Große Düne, die mit 60 m zu den höchsten Europas zählt. Schneeweiße Sandberge fallen steil zum Wasser hin ab; vom Gipfel hat man einen wundervol-

1

**Karte
Seite
58**

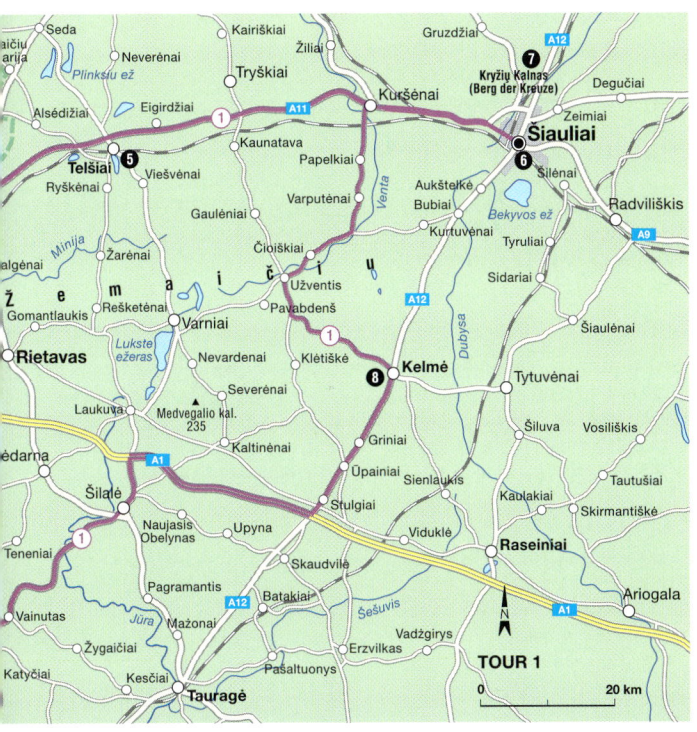

1

Karte Seite 58

Dünenwüste auf der Nehrung

Die besten Bademöglichkeiten bietet die Ostseeküste, die man auf einem Fußpfad durch den Wald in einer Viertelstunde erreicht. Die Blaue Flagge signalisiert gute Wasserqualität.

 Touristeninformation Nida, Taikos 4, Tel. 469/52345, Fax 52538, www.visitneringa.com. Juni–Aug. Mo–Sa 8–20, So 8–14 Uhr, Sept.–Mai Mo–Fr 8–17 Uhr.

Die wenigen großen Hotels sind meist unschöne Kästen aus der Sowjetzeit; netter sind Privatunterkünfte. Ein Verzeichnis erhält man bei der Baltischen Tourismus-Zentrale in Berlin (s. S. 100) und in Nida. Im Juli und August unbedingt vorausbuchen!
▌ **Miško namas,** Pamario 11, Tel./Fax 469/52290, www.miskonamas.com. Schönes, den alten Fischerkaten nachempfundenes Holzhaus. ○○
▌ **Nidos Smiltė,** Skruzdynės 2, Tel. 522 21, Fax 527 62, www.smilte.lt. Das einstige Künstlerzentrum Nidas bietet einen tollen Blick aufs Haff und ist heute in mehrere Pensionen aufgeteilt. ○○

len Blick auf Haff und Ostsee. Im Süden Nidas beginnt am Strand eine Holztreppe, die über 159 Stufen auf die Düne führt. Weniger steil ist der Weg durch die Naglių gatvė und das anschließende Kiefernwäldchen am Urbo-kalnas-Hügel. Zum Schutz der Düne darf man die befestigten Wege nicht verlassen.

Thomas Mann in Nidden

Drei Sommer (1930–32) verbrachte Thomas Mann mit seiner Familie in Nidden. Der disziplinierte Schriftsteller lag natürlich nicht nur am Strand, sondern arbeitete hier an der Romantrilogie »Joseph und seine Brüder«. Er fand auch Zeit, die Landschaft zu genießen, wie Briefe und Tagebücher belegen: »Das Bild des Haffes erweckt das Gefühl, dass man am Mittelmeer ist, der Sand verstärkt diesen Eindruck«, schwärmte er. Und in Anspielung auf seine Künstler-novelle fuhr er fort: »Der Süden im Norden, die Mischung von Tonio Kröger, schon längst bekannt und geliebt.« Entsprechend nannte er die Aussicht aus dem Fenster seines Arbeitszimmer den »Italienblick«. Er wanderte zur Großen Düne, diesem »wirklich sehr merkwürdigen Naturphänomen«, und glaubte, »in der Sahara zu sein«. Viel hat sich nicht verändert seit Manns Tagen, wenn man auch heute nur noch selten wie er Elche beim Baden beobachten kann.

Sena sodyba, Naglių 6, Tel. 52782. Hübsches Gartenlokal mit Fischspezialitäten wie Aalschaschlik. Nur während der Saison geöffnet. ○○

▌**Ešerinė,** Naglių 2, Tel. 52757. Lokal mit Dünenblick direkt am Haff, gute litauische Küche. Nur während der Saison geöffnet. ○

▌**Kuršis,** Naglių 29, Tel. 52804. Rustikales Fischlokal mitten im Ortszentrum, delikater Skorpionfisch. ○

▌**Seklyčia,** Lotmiškio 1, Tel. 52945. Man zahlt für den äußerst schönen Blick auf Dünen und Haff. ○○○

Bootsverleih: Lotmiškio 2, Tel. 52828. Tret-, Ruder- und Segelboote, gelegentlich auch Surfbretter und Jetskis.

Zurück aufs Festland

Mit der Fähre geht es zurück nach Klaipėda. Nach Tagen in der sanften Dünenlandschaft der Nehrung ist der Anblick von Hochhäusern und Hafenkränen zunächst ein milder Schock. Von Klaipėda aus erreicht man nach kurzer Fahrt Palanga, die Hochburg des litauischen Badetourismus.

Palanga ❹

(128 km) Im Winter hat der größte litauische Badeort 20 000 Einwohner, an Sommerwochenenden 200 000. Die Saison ist kurz und heftig: Von Ende Juni bis August tobt das Leben, dann senkt sich Ruhe über die Stadt. Vor allem Einheimische lieben Palanga – für seinen herrlichen Sandstrand fast so sehr wie für sein buntes Nachtleben. Die Basanavičiaus gatvė, die zum Strand führt, säumen Cafés, Bars, Spielsalons und Clubs – hier sieht Palanga ein bisschen aus wie Rimini.

Nur, dass man unter Kastanien flaniert und beiderseits der Straße schöne alte Holzvillen stehen. Bei Sonnenuntergang trifft man sich am Pier, der 500 m weit ins Meer hineinragt.

⭐ In der ersten Juniwoche wird der Saisonbeginn mit Konzerten, abendlicher Disco, Straßenmarkt und Feuerwerk auf dem Pier gefeiert.

*Bernsteinmuseum

Das Bernsteinmuseum ist im einstigen Schloss des litauischen Grafen Tiškevičius untergebracht. Die Sammlung, die ebenfalls auf den Grafen zurückgeht, ist mit 25 000 Stücken eine der reichsten der Welt. 4 500 Bernsteine sind ausgestellt, viele davon mit Einschlüssen. Daneben erfährt man Wissenswertes über Entstehung und Verarbeitung des »Ostseegoldes« (Vytauto 17; Di–Sa 10–20, So 10–19 Uhr, www.pgm.lt). Der Schlosspark ist heute ein Botanischer Garten mit hübschen Spazierwegen.

⭐ Ende Juli bis Anfang August werden auf der Schlossterrasse die **Nachtserenaden** aufgeführt, eine Reihe klassischer Konzerte. Das Programm erhält man bei der Touristeninformation, Karten im Schloss selbst.

ℹ️ **Touristeninformation Palanga,** Kretingos 1, Tel. 460/48811, Fax 48822, www.palangatic.lt. Mo–Fr 9–13, 14–18, Sa 9–16, So 10–15 Uhr.

Flughafen: 10 km nördlich. Im Sommer Verbindungen von Frankfurt/M., Berlin und Hamburg. Transfer per Taxi 10 Min. (ca. 20 Lt). Stündlich Bustransfer nach Palanga und Klaipėda. **Busbahnhof:** Im Zentrum, Kretingos 1. Inlandsverbindungen u. a. nach Vilnius, Kaunas, Šiauliai und Klaipėda sowie Busse nach Liepāja und Riga.

1

Karte Seite 58

Mama Rosa, Jūratės 28 a, Tel. 460/48581, Fax 48580, www.mamarosa.lt. Gemütlich, zentral gelegen; freundlicher Service. ○○○

■ **Tauras,** Vytauto 116, Tel. 460/49111, Fax 54437. Zentral gelegen, mit Sauna und Fahrradverleih. Empfehlenswertes Restaurant. ○○

■ **Baltoji Žuvėdra,** Dariaus ir Girėno 1, Tel. 460/53253, Fax 53852, www.palangos-zuvedra.lt. Unweit von Strand und Park gelegen. Schlichte Zimmer; Spa und Fahrradverleih. ○

Ramybė, Vytauto 54, Tel. 54124. Gepflegte internationale Küche; schöne Veranda. ○○

■ **Žuvinė,** Basanavičiaus 37 a, Tel. 48070. Viele Fischspezialitäten. ○

Feliksas, Vytauto 116, Tel. 48421. Trend-Café und -Restaurant; einst Schauplatz einer Reality-TV-Show.

■ **Honolulu,** Nėries 39. Club und Treffpunkt jugendlicher Nachtschwärmer.

*Telšiai ➎ und Šiauliai ➏

Die Fahrt ins Landesinnere führt durch eine ländliche Idylle aus Feldern, Wäldern und Seen. **Telšiai** am Fluss Durbinis ist eine der ältesten Städte des Landes; wegen ihrer schönen Lage in den Hügeln lohnt ein Stopp. Sehenswert ist der Bischofsdom, ein spätbarocker Bau mit achteckigem Turm.

In **Šiauliai** (133 800 Einw., 273 km) besiegte Fürst Mindaugas 1236 den Schwertritterorden. Die Altstadt wurde im Zweiten Weltkrieg weitgehend zerstört und nicht wieder aufgebaut. Ein Prunkstück blieb jedoch erhalten: die 1634 errichtete Kirche St. Peter und Paul. Den schönen Renaissancebau an der Fußgängerzone überragt ein 70 m hoher Turm.

Zum Berg der Kreuze pilgern die Litauer

**Kryžių kalnas ➐ (Berg der Kreuze)

(288 km) Seit dem 19. Jh. stellen Pilger auf dem Hügel am Kulpė-Ufer Kreuze auf, aus allen erdenklichen Materialien, mit Rosenkränzen und Heiligenbildern behängt. Sie symbolisieren eine Bitte oder sind Ausdruck des Danks – eine Tradition, die vermutlich bereits auf das 14. Jh. zurückgeht. Die Sowjets versuchten das Denkmal zu zerstören, konnten die Kreuze jedoch nicht so schnell entfernen, wie sie von den Gläubigen wieder aufgestellt wurden – auf eindrucksvolle Weise verbündeten sich hier Frömmigkeit und politischer Widerstand. Inzwischen geht die Zahl der Kreuze wieder in die Zigtausende. Besucher können bei Händlern ihr eigenes Kreuz erstehen und aufstellen.

i **Touristeninformation Šiauliai,** Vilniaus 213, Tel. 41/523110, Fax 523111, www.siauliai.lt; Mo–Fr 9–18, Sa 10–16, So 10–15 Uhr.

Šaulys, Vasario 16-Osios 40, Šiauliai, Tel. 41/520812, Fax 520911, www.saulys.lt. Modernes Hotel im Zentrum. Bewachter Parkplatz, Hallenbad, Restaurant. ○○○

▮ **Turnė,** Rūdės 9, Šiauliai,
Tel. 41/429238, Tel./Fax 429238,
www.turne.lt. Einfaches, aber nettes
Hotel im Zentrum; mit preiswertem
Restaurant. ○○

🍴 **Juone Pastuoge,** Aušros 31a,
Tel. 524926. Deftige regionale
Küche; Livemusik. ○

▮ **Varpas,** Vilniaus 154, Tel. 502135.
Gemütliches Café, auf der Karte stehen
Snacks und leichte Gerichte. ○

Ins Memeldelta

Nach Süden verläuft die Fahrt durchs
ländliche Litauen mit verträumten
Dörfchen inmitten sanfter Hügel. Die
kleine Stadt **Kelmė** ❽ (20 000 Einw.;
348 km) wartet sogar mit einem idyllisch am See gelegenen Schloss auf.

Die Memelregion ist im Sommer ein
lohnendes Ziel für Wanderer (Karten
bei der Touristeninformation Šilutė
sowie im Infozentrum des Regional-
parks). Die touristische Infrastruktur
ist im Vergleich zur Nehrung noch sehr
dünn. Als Ausgangsbasis für Exkursionen empfiehlt sich das Städtchen
Šilutė ❾ (Heydekrug, 457 km), das in
einer wunderschönen Heide- und
Moorlandschaft liegt. Der Zauber der
Gegend teilt sich auch in **Minija** ❿ mit,

einem ursprünglichen Fischerdorf am
Ufer des gleichnamigen Flusses. In
Ventė ⓫ steht ein alter Leuchtturm,
der einen schönen Blick auf die Nehrung bietet. In einer ornithologischen
Station werden Vögel beringt; dazu
gehört eine Ausstellung (Führung
nach Anmeldung, Tel. 441/68516).

1

**Karte
Seite
58**

ℹ️ **Touristeninformation Šilutė,**
Lietuvininkų 10/2, Tel. 441/
77795, Fax 77785, www.silute.lt,
info@silute.lt. Hier werden auch
Privatunterkünfte vermittelt.

▮ **Informationszentrum des Regional-
parks Memeldelta** auf der Insel
Rusnė, Pakalnės 40a. Tel. 441/61685
und 58154. Geführte Wanderungen,
Bootstouren im Memeldelta und auf
dem Haff.

🏠 **Nemunas,** Lietuvininkų 70,
Šilutė. Tel. 441/52345,
Fax 62480. Zentral gelegen; einfache
Zimmer; Café und Bar. ○○

▮ **Vilkenų Malūnas,** Švėkšna,
Bezirk Šilutė, Tel. 441/48371, Fax
03021. Kleines Hotel mit Restaurant,
Sauna und Bootsverleih. ○○

🍴 Eine Reihe von Restaurants liegen an der Lietuvininkų gatvė,
darunter **Magnolia** (Nr. 29, Tel. 441/
76030) mit guter litauischer Küche. ○

So nah und dennoch fern: Königsberg

Spontane Tagestouren nach Kaliningrad sind nicht möglich. Ein
Touristenvisum für einen Aufenthalt von max. 30 Tagen ist nur bei
der russischen Botschaft oder beim
zuständigen Konsulat in Deutschland erhältlich. Dafür muss der Pass
noch mind. sechs Monate gültig
sein und zwei leere Seiten haben.

Zwar ist eine Expressbeschaffung
möglich, doch um Stress zu vermeiden, sollte man das Visum vier
Wochen vor Reiseantritt beantragen.
Wenn man in Deutschland eine
Rundreise bei einem Reiseveran-
stalter bucht, kann dieser das Visum besorgen. Tipps (u. Formular):
www.visatorussia.com/de

Tour 2

Tiefe Wälder, blaue Seen: Südlitauen

**Kaunas → **Kloster Pažaislis → Birštonas → *Druskininkai → ***Trakai (261 km)

2

Karte
Seite
67

Idyllisch liegt Kaunas zwischen grünen Hügeln am Zusammenfluss von Neris und Nemunas. Die Altstadt mit ihren Kirchen und hübsch restaurierten Bürgerhäusern gehört zu den schönsten des Baltikums. Vorbei an Feldern, Wiesen und schilfbestandenen Seen geht es nach Druskininkai, dem bedeutendsten Kurort Litauens. Hier locken neben Heilquellen stille Wanderwege durch verwunschene Wälder – und der urwüchsige Dzūkija-Nationalpark. Ein Höhepunkt jeder Litauenreise ist Trakai, das mit seinen malerischen Seen, duftenden Kiefernwäldern und den mächtigen Backsteintürmen der Inselburg die Essenz der Schönheit Mitteleuropas bildet. Ohne längeren Aufenthalt dauert die Tour etwa drei Tage.

**Kaunas ⑫

Mit ihren 400 000 Einwohnern, den sechs Hochschulen und einem regen Kulturleben sieht sich die Stadt gern als heimliche Hauptstadt Litauens. Nach dem Ersten Weltkrieg, als Vilnius zu Polen gehörte, war sie es tatsächlich. Immerhin 20 Jahre – von 1920 bis 1940 – währte das Provisorium. Über 90 % der Einwohner sind Litauer – was anderswo kaum überraschen würde, in den baltischen Vielvölkerstaaten aber eher die Ausnahme ist.

Der ***Grüne Hügel** (Žaliakalnis) in der Neustadt bietet einen Panoramablick über ganz Kaunas; hinauf gelangt man zu Fuß oder mit der Standseilbahn (Abfahrt in der Nėries gatvė unweit vom Teufelsmuseum).

Altstadt

Die verkehrsberuhigte Vilniaus gatvė lädt mit Geschäften und Cafés zum Bummeln ein. Sie führt zum ***Rathausplatz** (Rotušės aikštė), den mittelalterliche Kaufmannshäuser säumen. Das 1542 errichtete **Rathaus** wird seiner schlanken Architektur wegen im Volksmund »Weißer Schwan« genannt und gleicht eher einer Kirche als einem Verwaltungsbau. Heute sind hier das Standesamt und ein kleines **Keramikmuseum** untergebracht, das die Geschichte der litauischen Töpferkunst dokumentiert (Di–So 11–17 Uhr).

Das ***Perkūnas-Haus** an der Südseite des Platzes ist ein Juwel der Spätgotik; die im oberen Teil üppig verzierte Fassade wurde aus 16 Ziegelarten erbaut. Im Gemäuer des Hauses entdeckte man eine Bronzefigur, die vermutlich den litauischen Donnergott Perkūnas darstellt. Von hier erreicht man die gotische **Vytautas-Kirche** (Anf. 15. Jh.) am Fluss, mit der die spät christianisierten Litauer beeindruckt werden sollten.

Jenseits des Rathausplatzes stehen die Überreste der **Kaunasser Burg.** Sie wurde im 13. Jh. errichtet, um heranrückende Kreuzritter abzuwehren. Im Laufe der Geschichte wurde sie mehrmals belagert; das Hochwasser der Neris tat ein Übriges, um den Bau zum Einsturz zu bringen. Die gotische ***Kathedrale St. Peter und Paul** an der Vilniaus gatvė wurde ab 1408 errichtet und über die Jahrhunderte mehrfach umgebaut. Aus der Entstehungszeit blieben nur die schönen Netzgewölbe in Hauptschiff und Chor erhalten.

Rathausplatz von Kaunas mit Rathaus (rechts) und Jesuitenkirche

Die Weinstube **Senamiesčio Vyninė** (Daukšos 23, Tel. 227656) bietet nicht nur die seltene Gelegenheit, einmal etwas anderes als Bier zu trinken – hier wird auch eine gute Küche gepflegt. Fr/Sa Livejazz. ○

*Čiurlionis-Museum

Dem bekanntesten litauischen Maler und Komponisten (s. S. 23) ist in der Neustadt ein Museum gewidmet. Zu sehen sind rund 300 Zeichnungen und Gemälde, auch seinen Symphonien kann man lauschen. Eine separate Galerie zeigt litauische Volkskunst (Putvinskio 55; Di–So 11–17 Uhr).

**Teufelsmuseum

In den Glasvitrinen dieses einzigartigen Museums sind über 2000 Teufel aus der ganzen Welt versammelt. Die Darstellungen des Höllenfürsten umfassen Skulpturen, Zeichnungen und Gebrauchsgegenstände – bis heute wird die Sammlung ständig erweitert. Zu verdanken ist sie dem Impressionisten Antanas Žmuidzinavičius (1876 bis 1966), dessen Arbeiten hier ebenfallls zu besichtigen sind (Putvinskio 64; Di–So 11–17 Uhr).

Touristeninformation Kaunas, Laisvės 36, Tel. 37/323436, Fax 423678, http://visit.kaunas.lt. Mai/Sept. Mo–Fr 9–18, Sa 9–15, Juni–Aug. tgl. 9–18, Okt.–April Mo–Do 9–18, Fr 9–17 Uhr.

Perkūno Namai, Perkūno 61, Tel. 37/320230, Fax 323678, www.perkuno-namai.lt. Modernes Ambiente; schöne Lage auf einem Hügel unter Eichen. Restaurant. ○○○
▌ **Kaunas,** Laisvės 79, Tel. 37/750850, Fax 750851, www.kaunashotel.lt. Luxuriöses Hotel in der Fußgängerzone; im Restaurant »55°« wird litauische Küche serviert. ○○○
▌ **Alanta,** Alantos 33, Tel. 37/731142, Fax 733871, www.alanta.lt. Kleines, ruhiges Hotel im skandinavischen Stil; 2 km vom Zentrum entfernt. ○○
▌ **Minotel,** Kuzmos 8, Tel. 37/229981, Fax 220355, www.minotel.lt. Stilvolles Hotel am Rathausplatz; die Zimmer schmücken Werke litauischer Maler. Hauseigenes Restaurant. ○○
▌ **Kunigaikščių Menė,** Daukšos 28, Tel. 37/320800, Fax 320872, mene@takas.lt, www.hotelmene.lt. Kleines Altstadthotel mit netten Zimmern. ○○

Apple Economy, Valančiaus 19, Tel./Fax 37/321404, www.applehotel.lt. Preiswertes, modernes Nichtraucherhotel. ○○

Medžiotojų Užeiga, Rotušės 10, Tel. 320956. Gepflegtes Restaurant am Rathausplatz mit guten Fisch- und Wildgerichten. ○○

Žalias Ratas, Laisvės 36 b, Tel. 200071. Rustikales Lokal mit litauischer Küche; in der Gaststube brennt ein Kamin. ○

Avilys, Vilniaus 34. Tel. 203476, Litauische Küche und hausgebrautes Bier in einem Keller in der Altstadt. ○

Bernelių Užeiga, Valančiaus 9, Tel. 200913. Litauische Gerichte, serviert von Personal in Tracht. ○

Los Patrankos, Savanorių 124. Di–Do 20–4, Fr/Sa 20–6, So 13 bis 17 Uhr. Großer Tanzpalast mit Disko (Rock, House, Techno) und Casino.

Siena, Laisvės 93, Do–Sa 21–4 Uhr. Jazzclub mit unterschiedlichen Themenabenden.

Amerika Pirtyje, Vytauto 71. Beliebter, sehr lauter Club mit Kaminzimmer für Ruhephasen. So–Mi bis 2, Do–Sa bis 4 Uhr.

*Kloster Pažaislis ⓭ und Kaunasser Meer

Kloster Pažaislis (Pažaislio vienuolynas) zählt zu den schönsten Barockanlagen in Litauen. Es wurde 1664 bis 1719 von italienischen Baumeistern für den Kamaldulenserorden errichtet, der als besonders streng galt. Noch heute existieren zwei der schlichten Eremitagen, in die sich die Mönche zu lebenslanger Andacht einmauern ließen. Den mit Marmor verkleideten Kirchenraum zieren prächtige Stukkaturen und Fresken. In der Sowjetzeit diente die Anlage als Nervenheilanstalt; heute leben hier wieder Nonnen (Di–So 11–17 Uhr).

 Das Kloster ist Schauplatz eines gleichnamigen **Musikfestivals** (Juni–Aug., www.pazaislis.lt).

Das Kloster liegt am Südwestufer des **Kaunasser Stausees** (Kauno juros), im Volksmund »Kaunasser Meer« genannt. Die gesamte Region wurde zum Regionalpark erklärt und ist ein beliebtes Ausflugsziel für Wanderer und Wassersportler.

Das ethnografische ****Freilichtmuseum Rumšiškės** trägt den Namen der Ortschaft, die beim Bau des Stausees 1959 überflutet wurde. Hier sind Szenen dörflichen Lebens aus allen vier historischen Regionen Litauens nachgestellt. In einer Dorfschänke wird traditionell gekocht (Di–So 10–18 Uhr, an der A1 Richtung Vilnius).

Birštonas ⓮

Nach einer ca. 30-minütigen Fahrt durch hügelige Landschaft erreicht man den kleinen Kurort (3200 Einw.; 39 km) in einer Nemunas-Schleife. Sein mildes Klima und die ruhige Lage inmitten dichter Kiefernwälder machen ihn zur Erholungsoase. Seit 1846 stehen die Mineralquellen der Gegend im Dienst der Gesundheit. Die meisten Besucher lockt jedoch die umgebende Natur: Unmittelbar an Birštonas schließt der **Nemunas-Regionalpark** an, wo man auf ausgeschilderten Wegen wandern und dabei Beeren und Pilze suchen kann.

In geraden Jahren lädt Birštonas jeweils Ende März zum **Internationalen Jazz Festival,** an dem auch viele einheimische Musiker teilnehmen (http://jazz. birstonas.lt).

2 Karte Seite 67

i **Touristeninformation Birštonas,** Jaunimo 3, Tel. 319/65740, Fax 65640, www.birstonas.lt

Sonata, Algirdo 34, Tel. 319/65825, www.sonata hotel.lt. Schön im Wald gelegenes Hotel mit gutem Restaurant.○○

■ **Versmė,** B. Sruogos 9, Tel./Fax 319/65673, www.versme.com. Post-sozialistisches Kurhotel (Schlamm-bäder, Unterwassermassagen). Restaurant mit schöner Terrasse; traditionelle litauische Küche. ○

Seklytėle, Prienų 10, Tel. 65733. Litauische und internationale Küche; Terasse mit schönem Blick auf die Nemunas-Schleife. An kühlen Abenden wärmt im Speisesaal ein Kamin. ○○

*Druskininkai ⑮

(126 km) Der bedeutendste Kurort des Landes wird v. a. wegen seiner Mine-ralquellen besucht. Elegante Holzvil-len, Parkanlagen und das schöne Ne-munas-Ufer prägen sein Bild. Östlich der Stadt erstreckt sich der **Dzūkija-Nationalpark,** der Sumpfwälder und Litauens größtes Hochmoor schützt.

Der Maler und Komponist Mikalo-jus Konstantinas Čiurlionis (s. S. 23) verbrachte in Druskininkai prägende Jahre. Sein Elternhaus in der Čiurlionio gatvė 35 beherbergt heute das **Čiurlio-nis-Museum** mit einer Ausstellung zu Leben und Werk des Künstlers (Di–So 11–17 Uhr). In derselben Straße infor-miert das **Girios Aidas-Museum** über die Flora und Fauna der umliegenden Wälder (Nr. 102; Mi–So 10–18 Uhr).

2

Karte Seite 67

2

Karte
Seite
67

Holzskulptur am Čiurlionis-Weg

Von Druskininkai sind zwei **Fahrradtouren** ausgeschildert, die etwa einen halben Tag in Anspruch nehmen. Die erste führt durch dichten Pinienwald zum Grütas-See; die zweite beginnt am Drukonis-See und folgt dann dem Nemunas-Ufer. Ein **Wanderweg,** den man ebenfalls leicht an einem halben Tag bewältigen kann, beginnt im Sportpark und führt durch den Wald zum Ratnyčia-Fluss.

i Touristeninformation Druskininkai,
Čiurlionio 65, Tel./Fax 313/51777. Gardino 3, Tel. 313/60800, Fax 52984, www.druskininkai.lt. Geführte Exkursionen in den Nationalpark.

 Regina, Kosciuškos 3, Tel. 313/59060, Fax 59061, www.regina.lt. Stilvolles Mittelklassehotel im Zentrum; gutes Restaurant (s. rechts). ○○

▌ **Vilnius Spa,** Dineikos 1, Tel. 313/53811, Fax 59059, www.spa-vilnius.lt. Wellnesshotel mit Schlammbädern, Kräuterbädern und Massage. ○○

🍴 **Regina,** Kosciuškos 3, Tel. 59060. Größtes Restaurant der Stadt und entsprechend beliebter Treffpunkt. Internationale Küche. ○○

▌ **Sicilija,** Taikos 9, Tel. 51865. Große Auswahl an Pizza und Salaten; freundlicher Service. ○

Grütas Parkas ⑯

(136 km) Ausrangierte Denkmäler sowjetisch-kommunistischer Helden haben in diesem etwas bizarren Freilichtmuseum eine letzte Ruhestätte gefunden. Da liegen nun die Köpfe von Lenin und Stalin, und auch dem einen oder anderen Marx und Engels wird hier Asyl gewährt. Eine Ausstellung erinnert an die Deportationen (Winter 9–17, Sommer 9–20 Uhr; www.grutoparkas.lt).

***Trakai ⑰

(261 km) Bevor Fürst Gediminas die Residenz nach Vilnius verlegte, war Trakai Hauptstadt des Großfürstentums Litauen. Die einstige Bedeutung ist dem Städtchen (6000 Einw.) zwar nicht mehr anzusehen, doch seine malerische Lage und die gotische Inselburg machen es zu einem der attraktivsten Ausflugsziele Litauens.

⚠ An Sommerwochenenden fallen Besucherscharen ein. Wer allzu engen Körperkontakt bei der Besichtigung vermeiden möchte, sollte sich daher früh auf den Weg machen.

Inselburg
Der rote Backsteinbau der Inselburg erhebt sich auf einer Insel im Galvė-See, man erreicht sie über einen langen Holzsteg. Die Festung wurde im 14. Jh. als Bollwerk gegen die Ordensritter errichtet und mehrfach ausge-

Idyllisch liegt das Wasserschloss Trakai im Galvė-See

baut, bevor russische Truppen sie 1655 schleiften. In den 1950er Jahren wurde die Anlage aufwändig rekonstruiert. Heute beherbergen ihre Mauern ein **Historisches Museum,** das die Geschicke von Stadt und Burg dokumentiert. Ein ausgeschilderter Rundgang führt durch den Palas. Im Burghof finden im Sommer häufig Konzerte statt (Mai–Sept. tgl. 10–19, sonst Do bis So 10–17 Uhr).

Historischer Stadtkern

Von der **Halbinselburg** am Seeufer sind nur Ruinen erhalten geblieben. Die **Vytautas-Kirche** wurde 1409 vom litauischen Großfürsten gestiftet; ihre gotische Fassade bereitet kaum auf die barocke Pracht im Inneren vor.

Im Norden der Halbinsel ist ein kleines **Ethnografisches Museum** den Karäern gewidmet, einer jüdischen Splittergruppe (Karaimų 22; Mi–So 10 bis 18 Uhr). Sie lebten ursprünglich auf der Krim, bevor Fürst Vytautas sie im 14. Jh. nach Trakai holte, um seine Leibgarde zu bilden. Die Karäer behielten ihre Gebräuche über die Jahrhunderte fast unverändert bei. Einige von ihnen leben noch heute in den bunten Holzhäusern der Altstadt.

 Touristeninformation Trakai, Vytauto 69, Tel./Fax 528/51934, www.trakai.lt

Lake Stone Residence (Akmeninė Užeiga), Tel. 698/30544, Fax 528/25186, www.akmenineuzeiga.lt. Komfortabel eingerichtete Holzhäuser in idyllischer Seenlandschaft; gutes Restaurant. ○○○

▌ **Salos,** Kranto 5 b, Tel. 528/53990, Fax 53991, www.salos.lt. In Seenähe liegt dieses preiswerte Hotel mit Restaurant und Nachtclub. ○

Apvalaus Stalo Klubas, Karaimų 53 a, Tel. 528/55595. Terrasse mit herrlichem Blick auf die Burg; verschiedene Bereiche (Pizzeria, internationales Restaurant). ○○

▌ **Kibininė,** Karaimų 65, Tel. 528/55865. Gemütliches Café. Spezialität des Hauses sind gefüllte Pasteten. ○

▌ **Kybynlar,** Karaimų 29, Tel. 55179. Traditionelle Küche der Karäer. ○

Von Trakai gelangt man nach 28 km Fahrt zurück nach Vilnius.

3
Karte
Seite
76

Tour 3

Die weißen Strände Lettlands

***Jūrmala → Kap Kolka → *Vents-
pils → *Liepāja → *Kuldīga →
*Talsi → *Jūrmala (510 km)**

Vom traditionsreichen Kurort
Jūrmala geht es ans unberührte Kap
Kolka, wo sich Ostsee und die Bucht
von Rīga treffen. Verträumte Fischerdörfer und einsame Strände säumen
die Küste; Ķemeri- und Slītere-
Nationalpark bieten Gelegenheit zu
Wanderungen und Bootstouren in
unverfälschter Natur. Lebhafter wird
es dann wieder an der Uferpromenade
von Ventspils und am Strand von
Liepāja. Im Hinterland erlebt man
eine zeitlose Idylle: Inmitten der
sanften Hügel der Kurischen Schweiz
liegen malerische Städtchen und
alte Burgen; besonders reizvoll sind
Kuldīga und Talsi mit ihrer gut erhaltenen, historischen Holzarchitektur.
Für die stille Schönheit dieser Landschaft sollte man sich Muße gönnen
und großzügig fünf Tage einplanen.

*Jūrmala ⑱

15 km westlich von Rīga beginnt die
»Lettische Riviera«, ein gutes Dutzend
kleiner Feriensiedlungen auf einem ca.
30 km langen Landstrefen zwischen
dem Fluss Lielupe und der Rigaer
Bucht. Wegen des milden Klimas und
des flach abfallenden Sandstrands
war Jūrmala schon im 19. Jh. als Erho-
lungsgebiet beliebt; hübsche Holzvillen und schattige Parks mit alten Bäumen sind ein Relikt aus dieser Zeit.

Das Badeleben konzentriert sich
auf die Ortsteile Majori und Dzintari.
Durch Majori verläuft die Jomas iela,
eine von Cafés und Läden gesäumte
Fußgängerzone. Auf der Freilichtbüh-
ne von Dzintari finden regelmäßig
Konzerte statt. Bulduri war früher be-
vorzugtes Ziel des deutschbaltischen
Adels; schmucke Villen erinnern noch
an jene Glanztage. Trotz der Nähe zu
Rīga weht an den Sandstränden die
Blaue Flagge für sauberes Wasser.

Museen

In Majori besaß auch der lettische
Nationaldichter Jānis Rainis (s. S. 21)
ein Sommerhaus, das in ein **Gedenkmuseum** umgewandelt wurde (Mi–So
11–18 Uhr). Das **Jūrmala-Museum**
zeigt nette Skurrilitäten wie die größte
lettische Sammlung von Badeanzügen
(Mi–Fr 11–17 Uhr).

ℹ **Touristeninformation Jūrmala,**
Lienes iela 5, Majori, Tel.
714 7900, Fax 714 7901, www.jurmala.
lv. Mo–Fr 9–19, Sa 10–17, So 10–15 Uhr.

Bus und Bahn: Die Busse von Rīga
nach Jūrmala verkehren nur bis zum
Stadtteil Sloka. Die anderen Stadtteile
sind am besten mit der »Elektrischka«
zu erreichen, die 2- bis 3-mal stündlich von Rīga nach Jūrmala fährt (Haltestelle beim Busbahnhof). Ein Taxi
vom Zentrum Rīgas kostet ca. 15 Lats.

🏠 **Pegasa Pils,** Jūras 30, Majori,
Tel. 776 1149, Fax 714 0127,
www.pegasapils.lv. Türmchenbekrön-
te Jugendstilvilla mit Spa und gutem
Restaurant, unweit vom Strand. ○○○
▮ **Baltic Beach Hotel,** 23/25 Juras
Street, Majori, Tel. 777 1443,
Fax 777 1420, www.balticbeach.lv.
Großes, in den 1980er-Jahren er-
bautes Haus am Strand (alle Zimmer
der Sektion A haben Meerblick

Jūrmalas Sandstrände sind auch ein beliebtes Naherholungsziel für die Hauptstädter

3

Karte Seite 76

mit Balkon, Sektion B ist noch nicht renoviert!) mit neuem, modernem Spa- und Gesundheitszentrum. ○○○

▌ **Villa Joma,** Jomas 90, Majori, Tel. 777 1999, Fax 777 1990. Liebevoll restauriertes Holzhaus aus dem 19. Jh. mit Restaurant und Sauna. ○○

🍴 **Orients-Sultāns,** Jomas 33, Majori, Tel. 776 2082. Köstliche orientalische Gerichte. ○○

▌ **Veranda,** Jomas 58, Majori, Tel. 776 3127. Holzhaus mit hübscher Terrasse; lettische Küche. ○

▌ **Zangezur,** Jomas 80, Majori, Tel. 776 1188. Armenische Spezialitäten und hervorragende Schaschliks. ○

🎁 **Tris,** Jomas 92, Majori. Werkstatt für Bernstein- und Holzschmuck. Tgl. 11–18 Uhr.

🎵 In der **Konzerthalle Dzintari** finden regelmäßig Konzerte aller Musikrichtungen statt (Programm unter www.dzk.lv).
▌ Livemusik kann man im **Club Trio** (Lielupe, Vienības 37) hören.

Radfahren: Es gibt zwei ausgeschilderte Radrouten. Eine führt an der Küste entlang durch die Badeorte (10 km), die andere landeinwärts in den Ķemeri-Nationalpark (20 km).

Fahrradverleih:
Majori: Juras 24, Tel. 911 9091;
Ķemeri: Bahnhof, Tel. 720 4118, www.velonoma.lv.
Bootsverleih: Yacht Club Simeks, Vikingu 8, Lielupe, Tel. 775 1916. Boote und Jetski.

⭐ Auf kleine Gäste wartet der **Aquapark,** ein modernes Erlebnisbad mit Wellenbecken, künstlichem Fluss und Rutschen (Viestura 24; Mo–Fr 12–22, Sa/So 10–22 Uhr; www.akvaparks.lv).

Durch Kurland nach Kap Kolka

Ķemeri ⑩ und Ķemeri-Nationalpark
Landeinwärts liegt **Ķemeri,** ein traditionsreicher Kurort mit hübschen Holzvillen. Dichte Wälder und Lagunenseen, an denen Zugvögel brüten, charakterisieren den umliegenden **Ķemeri-Nationalpark.** Hier kann man an geführten Wanderungen oder Bootstouren teilnehmen.

Etwa 3 km südlich von Ķemeri führt ein 3 km langer Steg ins Moor des Nationalparks – so kann man trockenen Fußes die Landschaft erkunden. Auf halber Strecke zwischen Jūrmala und Ķemeri gelangt man auf einem 600 m langen Steg im Schwarzerlensumpf zu den dortigen Schwefelquellen.

> **ℹ** **Informationszentrum Ķemeri-Nationalpark,** Ķemeri, Meža Māja, Tel. 773 0078, www.kemeri.gov.lv

3
**Karte
Seite
76**

Roja ⑳
Der folgende Küstenabschnitt gehört bereits zu Kurland (Kurzeme) – Jūrmala und sein Ferientrubel scheinen hier Lichtjahre entfernt. Kurland war während der Sowjetzeit Sperrgebiet und hat den Anschluss an den Rest der Welt noch nicht so recht gefunden. Die Strände sind menschenleer, und in den kleinen Fischerdörfern scheint die Zeit stehen geblieben zu sein. Über die malerische Ēvažu-Steilküste erreicht man Roja mit seinem kleinen **Fischereimuseum** (Di–So 10–18 Uhr).

> **ℹ** **Touristeninformation Roja,** Selgas 33, Tel. 326 9594, Fax 329 1154.

> **Roja,** Jūras 6, Tel. 323 2226, rojahotel@inbox.lv. Kleines

Gästehaus mit Restaurant, Café und Sauna, 200 m vom Meer gelegen. ○○

Kap Kolka ㉑
Am windreichen Kap Kolka (166 km) treffen Ostsee und Rigaer Bucht zusammen. Den nördlichsten Punkt Kurlands bewachen die Überreste eines alten Leuchtturms. Entlang der Nordwestküste erstreckt sich der **Slītere-Nationalpark,** der die ursprünglich gebliebene Küstennatur schützt. Markierte Wanderwege erschließen seine reiche Tier- und Pflanzenwelt. In einigen Küstendörfern leben noch Nachkommen der Liven, eines alten finno-ugrischen Volkes. Über ihre Kultur informiert ein Museum in **Mazirbe.** Hier treffen sich im August auch Liven aus dem ganzen Land zu einem großen Festival.

> **ℹ** **Nationalparkverwaltung,** Dundaga, Dakterlejas 3, Tel. 329 1066, www.slitere.gov.lv.

*Ventspils ㉒

Die wichtigste Hafenstadt (50 000 Einw.; 249 km) des Landes hat eine kleine, aber hübsche Altstadt mit klassizistischen Bürgerhäusern und Kirchen. Sie verbirgt sich allerdings

---

Das Gold der Ostsee

80% der weltweiten Bernsteinfunde stammen aus dem Baltikum. Bernstein ist aus dem fossilen Harz von Nadelbäumen entstanden, seine Farbe kann von weißlichgelb über honiggelb bis bräunlich variieren. Häufig weist er Einschlüsse von Insekten und Pflanzenteilen auf, sog. Inklusen. An der baltischen Ostseeküste kann man noch immer fündig werden – am besten nach einem Sturm. So wurde eine touristische »Bernsteinroute« entwickelt, die neben einschlägigen Museen auch Bernsteinwerkstätten und Fangstellen berührt. Die entsprechende Broschüre ist bei der Baltischen Tourismus-Zentrale erhältlich.

Bernstein – in allen Formen zu kaufen

hinter ausgedehnten Hafen- und In-
dustrieanlagen – Ventspils ist ein
Zentrum der Petrochemie.

Die **Ordensburg** (Pils) aus dem
13. Jh. wurde 2001 restauriert; eine bild-
reiche Ausstellung dokumentiert ihre
Geschichte (Mai–Sept. tgl. 9–18, Okt.
bis Apr. tgl. 10–17 Uhr). Die Burg beherbergt das historische Museum, das
der Geschichte der Stadt und des Herzogtums Kurland gewidmet ist (Mi–So
12–18 Uhr). Im **Freilichtmuseum für Fi-
scherei** lassen Boote, Werkzeuge und
Katen den Arbeitsalltag lettischer Fischer nachvollziehen (Riņku 2; Mai–
Okt. tgl. 10 bis 18, Nov.–April Mi–So
11–17 Uhr). Am schönen **Sandstrand**
sorgen Beachvolleyball-Felder, ein
Spielplatz und der Aquapark (tgl. 10
bis 20 Uhr) für Abwechslung. Die blaue
Flagge signalisiert sauberes Wasser.

Touristeninformation Ventspils,
Tirgus 7, Tel. 362 2263, Fax
360 7664, www.tourism.ventspils.lv.
Mai–Sept. Mo–Fr 8–19, Sa 10–17,
So 10–15; Okt.–Apr. Mo–Fr 8–17, Sa
10–15 Uhr.

Dzintarjūra, Ganību 26,
Tel. 362 2719, Fax 362 8675,
www.dzintar jura.lv. Von außen
wenig einladend; innen aufwändig
modernisiert. Einige Zimmer mit
Sauna. ❍❍❍

▌ **Vilnis,** Talsu 5, Tel. 366 8880, Fax
366 5054. Modern ausgestattetes
Hotel mit Restaurant. ❍❍

▌ **13 enkūri,** Loču 12, Tel. 362 3217,
Fax 967 7722. Familiäres Gästehaus
in der Nähe des Hafens; schlichte,
aber gemütliche Zimmer (ohne eigenes Bad). ❍

Livonija, Kuldīgas 13, Tel.
362 2287. Angenehmes Lokal
mit solider einheimischer Küche. ❍

Jūrkalne ㉓

Zwischen Ventspils und Liepāja fällt
die Küste über mehrere Kilometer hin
steil zur Ostsee ab. Einen besonders
schönen Blick hat man beim Örtchen
Jūrkalne (297 km). Zum einsamen Sandstrand (ca. 20 m tiefer) führt ein Fußpfad. Hier hat das Meer mehr Wucht
als an den Stränden der Rīgaer Bucht.

Luki, Tel. 936 4347. Umgestal-
tetes Bauernhaus in schöner
Lage bei den Klippen; mit Sauna. ❍

 *Liepāja ㉔

(366 km) Der herrliche Sandstrand mit
seinen kiefernbestandenen Dünen
lässt leicht vergessen, dass Liepāja
(Libau; 100 000 Einw.) nicht nur die
drittgrößte Stadt Lettlands, sondern
auch ein wichtiger Industriestandort
ist. In der Sowjetzeit war Liepāja zudem Marinebasis und für Ausländer
gesperrt. Die Plattenbauten der Kaser-
ne am Hafen stehen heute leer, doch
dafür beginnt die Altstadt aus ihrem
Dornröschenschlaf zu erwachen: Die
verkehrsberuhigte Tirgoņu iela säumen neben alten Bürgerhäusern auch
immer mehr bunte Geschäfte und le-
bendige Cafés.

3

**Karte
Seite
76**

Am Meer

Mit über 140 Baum- und Buscharten, schönen Holzvillen, einem alten Badehaus und dem historischen Schlammbad ist der 1870 angelegte **Strandpark** (Jürmalas parks) eine schattige Oase auf dem Weg zum Meer.

Am kilometerlangen Sandstrand weht die Blaue Flagge. Das Strandleben genügt sich selbst und dem ausgeprägten lettischen Sonnenhunger: Bräunen in knapper Badebekleidung, dazu ein kühles Bier vom Kiosk.

Auf der Freilichtbühne im Strandpark finden **Konzerte, Sängerfeste** und im August das Rockfestival **Liepājas dzintars** statt (Termine unter www.liepajasdzintars.lv).

In der Stadt

Die **Dreifaltigkeitskirche** (Sv. Trīsvienības baznīca) wurde im 18. Jh. für die deutsche Gemeinde erbaut und ist prachtvoll ausgestattet. Glanzstücke sind die Kanzel, der Beichtstuhl und die Loge des Herzogs von Kurland. Die Orgel gilt als eine der größten in Europa. Historische **Speichergebäude** säumen die Zivju iela; in der Bārinu iela (östl.) sind schöne Bürgerhäuser zu sehen. In der neogotischen **Annenkirche** (Sv. Annas Baznīca) beeindruckt der reich verzierte Barockaltar (1697) von Nicolaus Soeffrens.

Gegenüber der Annenkirche liegt die 1910 erbaute **Markthalle** (Petertirgus), in der man Lebensmittel kaufen und sich von der Leidenschaft der Letten für frische Blumen überzeugen kann.

 Touristeninformation Liepāja, Rožu Lankums 5/6, Tel. 348 0808, Fax 348 0807, www.liepaja.lv. Mo–Fr 9–19, Sa 10–17, So 10–16 Uhr.

 Roze, Rožu 37, Tel. 342 1155, Fax 342 1255, www.parkhotel-roze.lv. Schön restaurierte Jugendstilvilla im Strandpark mit etwas plüschigen Zimmern. ○○

■ **Feja,** Kurzemes 9, Tel. 342 2688, Fax 342 7190, www.feja.lv. Hübsche Villa mit individuell eingerichteten Zimmern. ○○

■ **Līva,** Lielā 11, Tel. 342 0102, Fax 348 0259, www.liva.lv. Zentral gelegenes Hotel aus der Sowjetzeit. mit gutem Restaurant »Lipe«. ○–○○

■ **Poriņš,** Palmu 5, Tel. 915 0596, Fax 342 8602, www.hotelslatvia.lv. Behagliches Gästehaus in einer ruhigen Seitenstraße. ○

 Pastnieka māja, Brīvzemnieka 53, Tel. 340 7521. Sehr gute kurländische Spezialitäten; schöner Garten. ○○

■ **Rock Café,** Stendera 18/20, Tel. 348 1555. Lettlands Antwort auf das Hard Rock Café: internationale Küche, jeden Abend Livemusik. Mit Dachterrasse. ○○

■ **Pie Krustmates Agates,** Zivju 4/6, Tel. 348 1555. Bei »Tante Agata« isst man bodenständig und sehr preiswert in rustikalem Ambiente. ○

 Pablo, Stendera 18/20. Populärer Club, in dem am Wochenende bekannte lettische Rockbands auftreten.

■ **Sinfonieorchester** (Simfoniskais orķestris), Grandu 50, Tel. 342 5588. Orchester mit international bekannten Musikern; im Juni und Juli ist Konzertpause.

Radfahren: Die Touristeninformation hält verschiedene Tourenvorschläge bereit, darunter den etwa 44 km langen Bernsteinweg.
Fahrradverleih: Līgo, Grandu 34, Tel. 342 6403.

Die malerische Flusslandschaft der Venta lässt sich bei Kuldīga genießen

3
**Karte
Seite
76**

Kurische Schweiz

*Kuldīga ㉕

(453 km) Durch sanfte Hügellandschaft geht es weiter nach Kuldīga
(Goldingen; 13 000 Einw.), der ehemaligen Residenz des kurländischen Herzogs. Die malerische Kleinstadt am
Ufer der Venta hat ihre Holzbebauung
aus dem 18. und 19. Jh. fast vollstän-
dig bewahrt – einige der schönsten
alten Häuser säumen die Baznīcas
iela. Die **Katharinenkirche** (Sv. Katrinas baznīca) wurde nach einem
Brand im 17. Jh. neu aufgebaut, von
der Originalausstattung sind nur noch
Altar und Kanzel des lettischen Meis-
ters Nicolaus Soeffrens erhalten.

Ein besonders beliebtes Fotomotiv
ist der **Ventas rumba,** ein 240 m brei-
ter Wasserfall, der über eine 2 m hohe
Felsstufe hinabrauscht. Am schönsten
präsentiert er sich von der **Ventabrü-
cke** aus dem Jahre 1874 aus, mit 165 m
eine der längsten Backsteinbrücken
Europas.

ℹ Touristeninformation Kuldiga,
   Baznīcas 5, Tel./Fax 332 2259,
www.kuldiga.lv. Mo–Fr 9–17 Uhr.

🏠 Jāņa Nams, Liepājas 36,
   Tel 332 3456, Fax 332 3785,
www.jananams.lv. Gepflegtes
Gästehaus mit Café und Sauna. ◐○

⭐ Ein lohnender Abstecher führt
   nach **Sabile ㉖**, einer idyllischen Kleinstadt am Ufer der Abava.
Im Juli wird hier traditionell ein Weinfest gefeiert – in Erinnerung an jene
Zeit, als auf den Hügeln um die Stadt
noch Trauben angebaut wurden.
Heute gibt es nur noch einen Weinberg, der 150 Liter Rot- und Weißwein
erbringt. Er bietet einen herrlichen
Blick auf Stadt und Fluss.

ℹ Touristeninformation Sabile,
   Pilskalna 6, Tel./Fax 325 2344.
Mai–Sept. Mo–Fr 10–12.30, 13–17,
Sa 10–14, Okt.–April Mo–Fr 10–14 Uhr.

*Talsi ㉗

Rund um Talsi (Talsen; 13 000 Einw.;
510 km) ist die Landschaft etwas hü-
geliger als im übrigen Kurland – für die
Bevölkerung Grund genug, sie stolz
Kurische Schweiz zu nennen. Die safti-
gen grünen Wiesen, die Wälder und
der ländliche Charme der Gegend las-

sen diesen Beinamen zumindest im Ansatz gerechtfertigt erscheinen.

Die **Ordensburg** ist nurmehr in ihren Fundamenten zu erkennen; der Burgberg bietet jedoch einen schönen Blick über den Ort und den See. Auf dem Kirchberg (Baznīcas kalns) wacht die evangelische Stadtkirche aus dem 18. Jh. An der Lielā iela, der Haupt-

straße, ist die historische Bebauung aus dem 19. Jh. noch weitgehend erhalten. Das **Stadtmuseum** im ehemaligen Schloss des Barons von Frick dokumentiert die Geschichte Talsis seit der ersten Erwähnung im Jahr 1231. Auch über die alte Kultur der Kuren wird informiert (Mīlenbaha 19; Di–So 10–17 Uhr).

TOUREN 3 UND 4

0   30 km

Kap Kolka **21**
Kolka
Uši
Pitrags
Mazirbe   **Slīteres**
Sikrags   **nacionālais**   Melnsils
park
Lielirbe   Vīdale   Ģipka
Mikeltornis   Neveja   Žocene
Irbeņe   Rude **20** Roja
Ance   Pindari
Irbene   Rinda   Jorņini   Dundaga   Kaltene
Lubes   **3** Upe
Gibzde   Ciruļi   Valdemārpils
Pope   Mērsra
Ventspils 22   **A10**   Irbes   Amele   *Engure*
Puņas   *ezers*
Vandzene
Stende   Valdgale
Värve   Ugāle   Talsi **27**   Nariņci
Spāre
Krievciems   Kalīti   Lībagi   Nurmuiža
Užava   Piltene   **Moricsalas**   *Usmas*   Stradzde   Ri
Ules   **rezetvārts**   *ezers*
Rīmnieki   Pridnieki   **A10**
Abava   Sabile   Pū
Tārande   Ziekas   Renda   **26** Kandav
Robeži   Matkule
Edole   Īvande   Pūces   Zemite
Jūrkalne **23** Alsunga **25** Kuldīga   Jaunmuiža   Väne   Grer
Labrags   Kurmale   Varieba   Zante
Ulmale   Birži   Ēdas   Auz
Pāvilosta   Rīva   Basi
Apriķi   Koninciems   Jeras   Vecgaiķi   Remte
Grinu   Lankas   Lutriņi   Bik
rezervāts   Aizpute   Valtaiķi   Zirņi   Upenie
Dubeni   Rudbārži   Škrunda   Saldus   Blīdene
Medze   Mazilmaja   Kalvene   Pampāļi   **LETTLAND**
Grobiņa   **A9**   Krote   Kevele
Liepāja   Gavieze   Embūte   Bruzilas
Liepajas   **24**   Jaunauč
ezers   Dubeņi   Knīvert   Ezere   Grivaši   Naujo
Pērkone   Reivyčiai   Akmer
A11   Kīburi   **Kamanu**
Bernāti   Bārta   Žīdikai   Mažeikiai   **rez.**
Nīca   Kesteri   **LITAUEN**

Touristeninformation Talsi,
Lielā 19/21, Tel./Fax 322 4165,
www.talsi.lv. Mo–Fr 10–13, 13.30–17,
im Sommer auch Sa 10–14 Uhr.

Talsi, Kareivju 16, Tel.
323 2020, Fax 323 2023,
www.hoteltalsi.lv. Viel Auswahl in der
Stadt gibt es nicht! Vierstöckiger

Kasten in Seenähe mit recht schlichter Ausstattung. Die Zimmer fallen
sehr unterschiedlich aus. ○○

▌ **Rezidence,** Vandzene, Tel. 329 1170,
Fax 329 1171, www.hotelrezidence.lv.
Angenehmes und stilvolles Mittelklassehotel; 15 km nordöstl. von Talsi
in Richtung Küste gelegen. Zum Haus
gehört ein gutes Restaurant. ○

3

**Karte
Seite
76**

Tour 4

Paläste und Natur im Herzen Lettlands

Rīga → *Jelgava → ***Schloss Rundāle → Bauska → Sigulda → **Cēsis (278 km)

Auf der dreitägigen Tour durch das Herz Lettlands kann man alte Schlösser und Herrensitze entdecken, die liebevoll restauriert wurden. Ganz in der Nähe von Rīga locken die herzoglichen Residenzen Jelgava und Rundāle, beides Bauten des Petersburger Hofarchitekten Rastrelli und großartige Leistungen des Spätbarock. Bauska und Sigulda beeindrucken mit den imposanten Überresten mittelalterlicher Ordensburgen; ein besonders gut erhaltenes Exemplar wacht über Cēsis. Naturfreunde kommen schließlich im Gauja-Nationalpark auf ihre Kosten: Keine andere Landschaft Lettlands reicht an die Schönheit dieses Urstromtals heran.

4
Karte
Seite
76

*Jelgava ㉘

Jelgava (Mitau; 70 000 Einw.; 75 km), heute die viertgrößte Stadt Lettlands, war einst Hauptstadt des Herzogtums Kurland. Als Ernst Johann Biron 1737 die Herzogswürde erhielt, ließ er sich auf einer Insel am Zusammenfluss von Driksa und Lielupe ein repräsentatives ***Schloss** erbauen. Die Entwürfe gehen auf den Petersburger Hofarchitekten Bartolomeo Francesco Rastrelli zurück. Hinter der imposanten Barockfassade residiert heute die Akademie für Landwirtschaft. Zwei Ausstellungen erläutern den Schlossbau

und die Geschichte der Universität. Interessant ist die *****Gruft, in der die Mitglieder der herzoglichen Familien Kettler und Biron ihre letzte Ruhestätte fanden (Mo–Fr 10–16 Uhr, Sa/So nach Voranmeldung unter Tel. 302 3383).

Im Stadtzentrum steht ein weiteres prächtiges Barockgebäude, die ***Academia Petrina**. Sie wurde von Herzog Peter Biron, dem Sohn Ernst Johanns, 1775 als erste höhere Bildungsanstalt Lettlands gegründet. Der 35 m hohe Turm diente als astronomisches Observatorium. Heute ist in der früheren Lehranstalt das Ģederts-Eliass-Museum für Geschichte und Kunst Jelgavas untergebracht (Mi–So 10–17 Uhr).

i **Touristeninformation Jelgava,** Pasta 37, Tel./Fax 302 2751; Di–Do 8–17, Fr 8–15.30, Mo 8–18 Uhr.

🏠 **Jelgava,** Lielā 6, Tel. 302 6193, Fax 308 3005, www.hotel jelgava.lv. Angenehmes Hotel im Zentrum; Sauna und Café. ○–○○

▌**Zemgale,** Skautu 2, Tel. 300 7707, Fax 300 7710, www.zemgale.info. Modernes Haus mit Sportzentrum; in der Nähe des Schlosses. ○–○○

🍴 **Ceplis,** Lielā 49, Tel. 302 4726. Zentral gelegenes Lokal mit lettischen Spezialitäten. ○

⭐ ***Schloss Rundāle ㉙

18 km östlich von Eleja liegt ein Glanzpunkt jeder Lettland-Reise: Schloss Rundāle (Ruhenthal; 110 km), das »Versailles an der Ostsee«, wurde von Rastrelli als Sommerresidenz für Ernst Johann Biron, den nachmaligen Herzog von Kurland, geplant. 1735 begannen die Bauarbeiten, doch bereits vier Jahre später fiel der Herzog in Ungnade und wurde nach Sibirien verbannt.

Die äußere Pracht von Schloss Rundāle spiegelt sich in der Innenausstattung wider

Erst nach seiner Rückkehr 1764 konnte man die Arbeiten fortsetzen, und 1768 wurde der Prachtbau endlich fertig gestellt. Im Ersten Weltkrieg erlitt das Schloss schwere Schäden; 1972 begann man jedoch mit Restaurierungsarbeiten, die inzwischen weitgehend abgeschlossen sind. In Rundāle werden nun wieder Staatsgäste empfangen und Hochzeiten gefeiert (Juni bis Aug. tgl. 10–19, Mai, Sept., Okt. 10–18, Nov.–April 10–17 Uhr).

Interieur

Die Repräsentationsräume und einige Privatgemächer der herzoglichen Familie wurden originalgetreu restauriert und z. T. mit Mobiliar aus dem 18. Jh. eingerichtet. Besonders sehenswert ist der ****Goldene Saal,** in dem der Herzog Audienzen gewährte. Seinen Namen verdankt er den prächtigen, vergoldeten Stukkaturen. Die Wände des ***Rosenzimmers** überspannen kostbare Tapeten aus Seidenbrokat; ein Deckengemälde huldigt der Göttin Flora. Durch den ***Weißen Saal,** den größten Raum des Schlosses, wirbelten früher tanzende Paare. Filigrane Stuckarbeiten und Spiegelfenster verleihen ihm eine strahlende Helligkeit. Die Räume im Erdgeschoss werden für Ausstellungen genutzt, die u. a. Gegenstände aus dem Besitz der herzoglichen Familie zeigen. Deutschsprachige Führungen auf Anfrage (Tel. 396 2197, Fax 392 2274, www.rundale.net).

Schlossrestaurant Rundāle, Mi–So 10–18 Uhr; Tel. 922 7369. Hier speist man in feudalem Ambiente wie einst Herzog Ernst Johann. Gekocht wird international. ○○

Parkanlage

Der riesige Schlosspark, den früher über 300 000 Linden zierten, wird derzeit nach Originalplänen Rastrellis rekonstruiert. Als Vorbild für die geometrische Anlage haben französische Schlossgärten wie der Park von Versailles gedient.

Mežotnes Pils, Bezirk Bauska, Tel. 396 0711, Fax 396 0725, mezotnpils@apollo.lv, www.mezotnes pils.lv. Prachtvolles, klassizistisches Schloss im gleichnamigen Dörfchen. Schöne, individuell eingerichtete Zimmer mit Blick in den englischen Landschaftsgarten. ○○

▌ **Baltā māja,** Pilsrundāle, Tel. 2912 1374. Liebevoll eingerichtetes Gästehaus im Schatten des Schlosses. ○

4
Karte
Seite
76

Bauska ㉚

Östlich von Rundāle liegt mit Bauska (11 000 Einw., 157 km) eine der ältesten Städte Semgallens. Im 15. Jh. eroberte der Deutsche Orden das Gebiet und errichtete am Zusammenfluss von Mūsa und Mēmele eine Festung – die letzte in Lettland. Die beeindruckenden Ruinen der **Burg** (Bauska pils), die dem Nordischen Krieg zum Opfer fiel, werden derzeit restauriert. Im jüngsten Teil der Anlage aus dem 16. Jh. ist eine Ausstellung zu ihrer Geschichte untergebracht (Mai–Sept. tgl. 9–19, Okt. 9–18 Uhr). In der Altstadt von Bauska sind noch hübsche Holzhäuser aus dem 18. und 19. Jh. zu sehen.

4
Karte Seite 76

ℹ️ **Touristeninformation Bauska,** Rātslaukums 1, Tel. 392 3797, www.tourism.bauska.lv. Mai–Sept. Mo–Fr 9–18, Sa/So 10.30–15.30, Okt. bis April Mo–Fr 9–17 Uhr.

🏠 **Bauska,** Slimnīcas 7, Tel. 392 4705, Fax 392 3027. Schlichter Kasten aus der Sowjetzeit; direkt am Busbahnhof. ○
▮ **Brencis,** Tel. 392 8033. Zweckmäßiges Motel; 38 km nördlich von Bauska an der A 7 nach Rīga gelegen. ○

🍴 **Krodziņš,** Pieoniru 2, Tel. 392 0072. Einfaches, aber nettes Bistro. ○

Sigulda ㉛

Das Städtchen (12 000 Einw., 241 km) ist touristisches Zentrum des **Gauja-Nationalparks** (s. Special S. 11), der sich hier von seiner schönsten Seite präsentiert. Im 19. Jh. besaßen viele Adlige und reiche Kaufleute in Sigulda Sommerhäuser. Die Geschichte der Stadt reicht jedoch viel weiter zurück.

Im 13. Jh. errichteten die Kreuzritter am Gauja-Westufer eine **Ordensburg.** Ihre Ruine wird im Sommer als Freilichtbühne genutzt (Programm bei der Touristeninformation). An der Stelle der Vorburgen der früheren Festung wurde im 19. Jh. das **Neue Schloss** erbaut, in dem heute der Stadtrat tagt (keine Besichtigung). Etwa 2 km flussaufwärts thront auf einer Bergkuppe die **Burg Turaida.** Sie wurde im 13. Jh. für den Bischof von Rīga errichtet, brannte aber 1776 nieder. In den 1950er Jahren begann man mit dem Wiederaufbau; bereits fertig gestellt wurde der Bergfried, der einen herrlichen Blick auf das Gauja-Tal bietet.

Gutmannshöhle

Mit 19 m Tiefe, 12 m Breite und 10 m Höhe ist die Gutmannshöhle (Gūtmaņa ala) die größte im Baltikum. Sie wird von einer Quelle durchflossen, um die sich viele Sagen und Legenden ranken: So soll ein weiser Mann mit ihrem Wasser Kranke geheilt haben, was der Höhle zu ihrem Namen verhalf. Die Felsritzungen von Besuchern der Höhle reichen bis ins 17. Jh. zurück, doch schon die Liven sollen in ihr geopfert und gebetet haben (an der Gaujas iela, die über die Gauja-Brücke zur Bischofsburg Turaida hinaufführt).

ℹ️ **Touristeninformation Sigulda,** Valdemāra 1 a, Tel. 797 1335, Fax 797 1372, www.sigulda.lv. Mo–Fr 10–19, Nov.–April 10–17 Uhr.

🏠 **Sigulda,** Pils 6, Tel. 797 2263, Fax 797 1443, www.hotelsigulda.lv. 44 modern eingerichtete Zimmer in zentraler Lage; Sauna, Pool und Restaurant. ○
▮ **Aparjods,** Ventas 1b, Tel./Fax 797 2230, www.aparjods.lv. Komfortables Haus mit reetgedeckten Bungalows; Sauna, Restaurant. ○

▪ **Santa,** Kalnjāņi, Tel. 770 5271, Fax 770 5278, www.hotelsanta.lv. Kleines Haus im Grünen mit Restaurant und Sauna; organisiert Rafting-Touren und Ausflüge in den Nationalpark. ○

Sigulda besitzt eine der modernsten **Bob- und Rodelbahnen** der Welt. Die Bahn wurde 1986 errichtet und ist 1420 Meter lang. Der Bob »Vučko« ist auch Touristen zugänglich (Okt.–März Sa/So 10–16 Uhr).

Aparjods, Ventas 1 a, Tel. 770 5242. Das Interieur ist einem lettischen Bauernhaus nachempfunden, die (internationale und lettische) Küche sehr gut. ○○

▪ **Buca Mario,** Pils 4 b, Tel. 797 3322. Kleine Pizzeria. ○

**Cēsis ㊷

(278 km) 2006 feierte die alte Hansestadt Cēsis (Wenden; 20 000 Einw.) ihren 800. Geburtstag. Ihr architektonisches Erbe ist entsprechend reich und wurde bereits zum großen Teil aufwändig restauriert. Mitten in der Stadt erhebt sich die imposante Ruine der ***Ordensburg** (Mūra pils) aus dem 13. Jh. Sie war eine der stärksten Festungen des Deutschen Ordens in Lettland, bis Iwan der Schreckliche die Schwertbrüder 1577 in die Knie zwang. Der Nordische Krieg fügte ihr im 18. Jh. weitere schwere Schäden zu. Dennoch ist sie heute die am besten erhaltene Ordensburg im Baltikum. (Mi–So 10 bis 17 Uhr.)

Ein Silberschmied demonstriert sein Handwerk in der **Schmiede für alten Schmuck** (Seno rotu kalve) im Schlossgarten und eine Ausstellung zeigt traditionellen lettischen Schmuck (Di–So 10–17 Uhr, www.kalve.times.lv).

Die Ordensburg in Cēsis

Einen schönen Blick auf die Ordensburg hat man vom **Nussberg** (Rieķstu kalns), der sich im Park des **Neuen Schlosses** (Jaunā pils) gleich neben der Ruine erhebt. Die **Johanneskirche** (Sv. Jāņa baznīca) wurde im 13. Jh. als Hauptkirche des Ordens erbaut (Mitte Mai–Okt. tgl. 10 bis 17 Uhr). Denkmalgeschützte Häuser säumen die Rīgas iela, die Hauptstraße der Altstadt. Noch aus dem 17. Jh. stammt das **Haus der Harmonie** (Harmonijas nams, Nr. 24), das einst Treffpunkt einer Musik- und Gesangsgesellschaft war.

4
Karte
Seite
76

Am letzten Samstag im Juli wird in Cēsis ein großes **Bierfest** gefeiert – natürlich mit viel Bier aus der örtlichen Brauerei, die als eine der ältesten des Baltikums gilt.

i **Touristeninformation Cēsis,** Pils laukums 1, Tel. 412 1815, Fax 410 7777, www.cesis.lv. Mitte Mai–Mitte Sept. Mo–Fr 9–18, Sa/So 10–17, sonst Mo–Fr 9–17 Uhr.

Cēsis, Vienības laukums 1, Tel. 412 0122, Fax 412 0121, www.hotel.kolonna.com. Komfortabel und zentral gelegen. Zum Hotel gehört das »Café Popular« mit lettischer und internationaler Küche sowie Pizzen und Livemusik. ○○

Dramatischen Landschaftsformen begegnet man im Gauja-Nationalpark

4
Karte
Seite
76

▌ **Katrīna,** Mazā Katrinas 8,
Tel. 410 7700, www.hotelkatrina.lv.
Modernes Stadthotel mit Restaurant
und eigenem Ausflugsprogramm. ◖◖
▌ **Unguri,** Raiskums, Tel. 413 4402.
12 km außerhalb an der Landstraße
nach Limbaži gelegener Campingplatz mit 40 Hütten. ○

🍴 **Makss un Morics,** Rīgas 43,
Tel. 412 4367. So spricht man
Max und Moritz aus, wenn man alle
tschechischen und lettischen Biersor-
ten des Hauses probiert hat. Als Grund-
lage dienen einheimische Gerichte. ○
▌ **Aroma,** Lenču 4, Tel. 412 7575.
Kleines Café-Restaurant mit Terrasse
im Zentrum. ○
▌ **Café Popular,** Vienības 1 (siehe
Hotel Cēsis), Tagsüber Café zum
Verschnaufen, abends Ausgehtreff. ○

Bootsverleih/Wassersport: Eži,
kr Valdemāra Valmiera, Tel. 420 7263,
www.ezi.lv. Verleih von Kanus u. Cam-
pingbedarf; Flusstouren für Gruppen.
▌ **Cīruliši,** Kempings-Laivu Bāze,
Tel. 2626 6266, www.zagarkalns.lv.
Am Gauja-Ufer; ab Cēsis beschildert.
Kanuverleih und Rafting-Touren.

****Gauja-Nationalpark**

Cēsis liegt inmitten des Gauja-Nationalparks, dessen einzigartige Landschaft sich zu Fuß, zu Pferd oder mit
dem Kanu erkunden lässt (s. Special
S. 11). Es gibt auch eine Vielzahl mar-
kierter **Naturpfade,** über die das Besucherzentrum in Sigulda, in Līgatne
und die Touristeninformation in Cēsis
informieren. 4 km südwestlich von Ce-
sis beginnt z. B. ein Lehrpfad entlang
der Gauja, auf dem sich die geologi-
sche Formierung der Flusslandschaft
seit der Eiszeit ablesen lässt. Nord-
westlich der Stadt erheben sich die
eindrucksvollen **Adlerklippen** (Ērgļu
klints). In der Nähe bietet ein Aus-
sichtspunkt einen grandiosen Blick
über den Nationalpark. Auch von **Līgatne** ❸ aus führen eine Straße und
mehrere Wanderwege durch das Tal.

ℹ️ **Besucherzentrum Gauja-
Nationalpark,** Baznīcas 3,
Sigulda, Tel. 780 0388, Fax 797 1344,
www.gnp.gov.lv. April–Okt. tgl. 9.30
bis 18, Nov.–März tgl. 10–16 Uhr.
▌ **Touristeninformation Līgatne,**
Haus Pauguri, Tel. 415 3313.

Moore und Meer: Estlands Westküste

**Haapsalu → *Hiiumaa → ***Saaremaa → Muhu → **Pärnu (387 km)

Die Fahrt durchs westliche Estland ist eine Reise rückwärts – in die Vergangenheit. Oft ist über Kilometer kein Gebäude und kein Auto zu sehen – nur Birkenwälder, Moore und Schilfgras. Die Küste säumen wunderschöne alte Kurorte, in denen der Adel schon zur Zarenzeit gesundheitsfördernde Schlammbäder nahm. Die Tour führt von Haapsalu, der Stadt sommerlicher Konzerte, über das stille Hiiumaa zur größten estnischen Insel, Saaremaa. Hier präsentiert sich Estland von seiner urwüchsigsten Seite. Endpunkt der Tour ist der lebhafte Badeort Pärnu, der in einer der schönsten Meeresbuchten des Baltikums liegt. Zwar geht es auch schneller, doch wer kann, sollte sich sieben Tage Zeit nehmen.

 ****Haapsalu** ❹

Relikte der Heilbadära

Haapsalu (12 000 Einw.) war einst ein eleganter Kurort, in dem auch die russische Zarenfamilie öfters verweilte. Ein Überbleibsel aus dieser Zeit ist der **Alte Bahnhof**, ab 1906 Anlaufstelle für betuchte Reisende aus St. Petersburg, der damals den längsten überdachten Bahnsteig Europas besaß. Auch das 1905 aus Holz erbaute **Kurhaus** am Beginn der Strandpromenade spiegelt den Glanz jener Tage.

Im alten Kurhaus finden anspruchsvolle **Konzerte** statt, z. B. die Reihen »Sinfonietta auf der Promenade« im Juli oder »Ladies in Jazz« Anfang August. Termine: Tel. 509 7795, 473 5505, www.kuursaal.ee.

Altstadt und Burg

Schmale Gassen und bunte Holzhäuser aus dem 19. Jh. prägen das Bild der Altstadt. In ihrem Zentrum steht die **Bischofsburg** aus dem 13. Jh., die heute v. a. Schauplatz kultureller Veranstaltungen ist. Die in unterschiedlichen Stadien des Verfalls begriffenen Burgmauern um den grünen Innenhof bieten eine überaus romantische Kulisse (Burghof: tgl. 7–24 Uhr, Museum, Kathedrale und Wachturm: Di–So 10 bis 18 Uhr). Hier spukt der berühmteste Geist Estlands: Die »Weiße Dame« erscheint in hellen Vollmondnächten des Augusts am Fenster der Burgkirche (Pedanten behaupten, es sei eine Lichtreflexion).

In einem kleinen Holzhaus in Haapsalu (Linda 6) wuchs Ilon Wikland auf, die Illustratorin der Kinderbücher von Astrid Lindgren. 1944 flüchtete Wikland nach Schweden. Wer genau hinschaut, wird Ähnlichkeit zwischen Haapsalu und Bullerbü feststellen. Die neue **Ilon Wikland-Galerie** zeigt Arbeiten der berühmten Künstlerin (Kooli 5, Di–So 11–18 Uhr).

ℹ️ **Touristeninformation Haapsalu,** Posti 37, Tel. 473 3248, Fax 473 3464, www.haapsalu.ee. Mo–Fr 9–18, Sa/So 10–15, Mitte Sept.–Mitte Mai Mo–Fr 10–17 Uhr.

🏠 **Spa Hotel Laine,** Sadama 9/11, Tel. 472 4400, Fax 472 4401, www.laine.ee. Großes Hotel mit breitem Wellnessangebot und Schwimmbad. Restaurant mit Meerblick. ○○

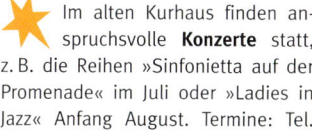

5

Karte Seite **85**

Kuursaal, Promenaadi 1, Tel. 473 5505. Cocktails zum Sonnenuntergang und gute internationale Küche. ◐◐

Schiffsverbindung: Die Fähren nach Hiiumaa (und Vormsi) legen vom Hafen Rohuküla 10 km westlich von Haapsalu ab. Die Überfahrt nach Hiiuma (Hafenort Heltermaa) dauert 90 Min. Zwei Personen in einem Pkw mittlerer Größe zahlen etwa 10 €.

Fahrpläne, Preise und Reservierungen für den gesamten Inselverkehr vor der Westküste: Tel. 452 4444, www.laevakompanii.ee.

*Hiiumaa

Wer Ruhe sucht, ist hier richtig: Die zweitgrößte estnische Insel (989 km²) hat nur 8000 Einwohner und steht unter Naturschutz. Siedlungen konzentrieren sich an der Küste; das Inselinnere ist von Mooren, Wäldern und Wacholderheiden bedeckt. Zur Fauna gehören Elche, Wildschweine und sogar Luchse. Hiiumaas touristisches Zentrum ist **Kärdla** ③⑤ (57 km), ein gepflegtes Städtchen im Nordwesten der Insel.

Auf der Halbinsel **Kõpu** ③⑥ im Westen weist schon seit dem 16. Jh. ein Leuchtturm den Weg; von seiner Aussichtsplattform (130 Stufen) hat man einen schönen Blick auf die Küste (Mai–Sept. 10–17 Uhr, geringe Gebühr). Das spätbarocke ***Gutsschloss Suuremõisa** ③⑦ gehört zu den schönsten Herrenhäusern des Baltikums. Es liegt in einem Park mit knorrigen alten Bäumen und Teichen. Heute beherbergt der Bau zwei Schulen, lohnt aber auf jeden Fall einen Abstecher (6 km vom Hafen Heltermaa).

Touristeninformation Hiiumaa, Hiiu 1, Kärdla, Tel./Fax 462 2232, www.hiiumaa.ee. Mo–Fr 9–18, Sa/So 10–15 Uhr.

Heltermaa, Tel. 469 4146, Fax 469 4147, www.heltermaahotell. ee. Freundliches Hotel am Fährhafen; moderne Zimmer, alle mit Meerblick; Restaurant, Bar, Sauna. ◐◐
▌ **Spa Lõokese,** Lõokese 14, Tel. 463 6107, Fax 463 6269, www.lookese.com. Wellnesshotel in schöner Lage unweit von Käina; Pool und Sauna. ◐◐
▌ **Ferienwohnungen** und **Unterkünfte auf Bauernhöfen** vermittelt Eesti Maaturism (s. S. 28).

Lõokese, Tel. 463 6107. Nettes Restaurant im gleichnamigen Hotel. Die Karte reicht von Schnitzel mit Apfelsoße bis zu diversen Fischgerichten. ◐◐
▌ **Liilia,** Hiiu mnt. 22, Käina, Tel. 463 6146. Hotel-Restaurant mit internationaler Küche und estnischen Spezialitäten. ◐◐
▌ **Priiankru,** Sadama 4, Kärdla, Tel. 462 2585. Café am Linna-Park; einfache Gerichte. ◐

Bootstouren zu den kleineren Inseln organisiert das Hotel Liilia (s. o., www.liiliahotell.ee), das auch einen Bootsverleih hat.

Schiffsverbindung: Vom Hafen Sõru nach Saaremaa (Hafen Triigi bei Leisi); 4-mal tgl.; Fahrzeit ca. 1 Std.

 ## ***Saaremaa

Nach Jahrzehnten als militärisches Sperrgebiet hat der Tourismus Saaremaa (Ösel, 40 000 Einw.) wach geküsst: Die größte estnische Insel (2673 km²)

5
Karte
Seite
85

präsentiert sich als eine Sommeridylle wie aus vergangener Zeit, mit viel unberührter Natur, bunten Holzvillen und alten Windmühlen. Der Tourismus konzentriert sich auf Kuressaare. Auf dem Weg vom Hafen bei Leisi dorthin kommt man zunächst an **Angla** mit seinen für Saaremaa typischen Bockwindmühlen vorbei. Das Dorf **Karja** besitzt eine Wehrkirche aus dem 13. Jh. Ein einzigartiges Naturdenkmal ist der Kratersee bei **Kaali** ㊳. Er entstand, als vor ca. 4 000 Jahren ein Meteorit auf Saaremaa aufschlug.

**Kuressaare ㊴

(246 km) Der mit 16 000 Einwohnern größte Ort der Insel war einst als Arensburg in deutschen Karten verzeichnet. In der hübsch restaurierten Altstadt stehen klassizistische Bürgerhäuser neben prachtvollen Holzvillen aus dem 19. Jh.

Die ***Bischofsburg** aus dem 14. Jh. dominiert das Städtchen. Sie ist die am besten erhaltene Burg des Ritterordens im Baltikum. Den quadratischen Hof umgeben schwere Befestigungsmauern mit zwei mächtigen Wehrtürmen; im Inneren informiert ein Museum über die Geschichte der Insel. Im Burghof finden im Sommer Kulturveranstaltungen statt. Umgeben ist die Anlage von einem im 19. Jh. angelegten Park (Mi–So 11–18 Uhr).

Busbahnhof: Pihtla tee 2, Kuressaare, Reservierungen unter Tel. 453 1660. Verbindungen in alle größeren Städte Estlands.
Flughafen: Roomassaare tee 1, Kuressaare, Tel. 453 3793, www.eeke.ee. Flüge nach Tallinn tgl. außer Sa.
Fährverbindung: Von Mõntu im Süden Saaremaas nach Ventspils in Lettland (ca. 4 Std.; www.slkferries.ee) tgl.

5
Karte
Seite
85

Die Bockwindmühlen bei Angla sind ein Wahrzeichen Saaremaas

5
Karte
Seite
85

außer Mo und Fr. Einfache Fahrt 21 € pro Person, ein Auto kostet ab 29 €.

🏠 **Georg Ots Spa,** Tori 2, Tel. 455 0000, Fax 455 0001, www.gospa.ee. Wellness nach westlichem Standard in einem Luxushotel am Hafen (s. Special S. 8). ○○○

▪ **Rüütli,** Pargi 12, Tel. 452 7140, Fax 454 8199, www.sanatoorium.ee. Wellnesshotel am Jachthafen mit Schwimmbad und Kinderbetreuung; »Spa Packages« mit Vollpension und Anwendungen. ○○

▪ **Arensburg,** Lossi 15, Tel. 452 4700, Fax 452 4727, arensburg@sivainvest.ee, www.sivainvest.ee.
25 Zimmer in einem ehemaligen Gutshof mitten in der Altstadt von Kuressaare. Schönes Restaurant. ○○

▪ **Ferienhäuser** auf Saaremaa vermittelt das Reisebüro Mere, Tel. 453 3610, www.rbmere.ee.

🍴 **Vaekoja,** Tallinna 3, Tel. 45 33 020. Fisch- und Wildgerichte in urigem Ambiente. ○—○○

▪ **Veksi,** Pärna 19, Tel. 453 3776. Estnische Küche in den Räumen einer alten Mühle. ○—○○

Über die Insel

Gleich hinter Kuressaare beginnen Birken- und Kiefernwälder. Fährt man in Richtung Norden, erreicht man den Sprengel **Tagaranna** ㊿, wo jedes der kleinen Holzhäuser von einer Steinmauer umgeben ist. Selbst die Äcker sehen aus, als wüchsen hier nur Steine aus dem Boden – im Unterschied zu den sanften, sandigen Buchten des Südostens eine karge Gegend. Die **Windmühlen von Angla** sind die verbliebenen fünf von einst Hunderten auf Saaremaa. Sie sind nicht zu besichtigen, aber ein lohnender Anblick.

Südwestlich von Kuressaare erstreckt sich die **Sõrve-Halbinsel** ㊶ mit ruhigen, touristisch noch wenig erschlossenen Sandstränden jenseits der Küstenstraße. Hier kann man bis zum Leuchtturm am Ende der Landzunge fahren und nach Lettland hinüberträumen.

🏠 **Tehumardi,** Salme, Tel./Fax 457 1666, www.tehumardi.ee. Campingplatz mit westlichen Standards; im Norden der Sõrve-Halbinsel gelegen (15 Automin. von Kuressaare). Hütten in unterschiedlichen Größen; Sauna. ○

 Mehrtägige **Radtouren** über die Insel veranstaltet das Reisebüro Mere www.rbmere.ee.

Muhu ⑫

Eine Brücke verbindet Saaremaa mit Muhu (312 km). Das Inselchen hat 2 000 Einwohner – entsprechend ruhig geht es hier zu. Touristische Infrastruktur ist kaum vorhanden, was für viele jedoch den Reiz dieser Insel ausmacht. Weites Land mit windgepeitschten Wacholderbüschen, Findlinge und Bruchsteinmauern prägen das Bild. Das denkmalgeschützte Dorf **Koguva** ist heute ein bewohntes Freilichtmuseum; von hier aus kann man auf einer Sandbank zum Eiland Kõinastu hinüberwandern (ca. 3 km). Weitere Wandertipps gibt die Touristeninformation.

Schiffsverbindung: Von Virtsu (Festland) zum Hafenort Kuivastu; in der Hauptsaison stdl.

 Pädaste Manor, Pädaste, im Südwesten Muhus, Tel. 454 8800, www.padaste.ee. Restaurierter Gutshof in ruhiger Lage am Meer. Gourmetrestaurant, Wellnessbereich und kleines Kino. ❍❍❍

❚ **Vanatoa,** Koguva, Tel. 454 8884, www.vanatoa.ee. Gemütliches Gästehaus im Freilichtmuseum; nur Mai bis Okt. geöffnet. ❍

Im Wesentlichen ist das Angebot auf die Restaurants der Gästehäuser in Koguva (s. o.) und Pädaste (Tel. 459 8789, ❍) beschränkt. Außerdem:

❚ **Restaurant Muhu,** Liiva, Tel. 459 8160. Von Pasta über Straußenfilet bis hin zu Wok-Gerichten. ❍–❍❍

Geführte **Reitwanderungen** und Ausritte bietet der Reiterhof Riinu Turismitalu (Tel. 526 7687) in Paenase an. Packages für Reiter bietet auch Pädaste Manor.

 ****Pärnu** ⑬

Pärnu (48 000 Einw.; 387 km) ist die offizielle Sommerhauptstadt Estlands und verströmt mit Cafés und hübscher Strandpromenade geradezu südländisches Flair. Der kilometerlange Sandstrand ist breit und sauber. Erst jenseits der Stadtgrenzen verliert er sich in Schilfgras – hier ist die Natur noch unberührt. Pärnu hat eine lange Tradition als Kurort: Seit 150 Jahren kann man hier seine Leiden mit Schlammbädern kurieren. Neben den Kureinrichtungen tragen alte Parks und schattige Alleen zum Wohlbefinden der Urlauber bei.

Altstadt im Grünen

Hinter dem Strand erstreckt sich der 1882 angelegte **Rannapark,** an dem viele Hotels und Restaurants liegen. In die Altstadt gelangt man von hier aus durch das **Tallinner Tor** (Tallinna värav), das einzige erhaltene Tor der Stadtbefestigung des 17. Jhs. Heute ist hier ein gemütliches Café mit Terrasse untergebracht. Die **Katharinenkirche** (Katariina kirik) ist mit ihrer von vier Türmen umgebenen, runden Kuppel das Wahrzeichen der Stadt. Sie wurde 1764 von Zarin Katharina II. gestiftet und diente vielen orthodoxen Kirchen im Baltikum als Vorbild (Mo bis Fr 11–18, Sa/So 9–18 Uhr). An die mittelalterliche Befestigungsanlage der früheren Hansestadt erinnert nur noch der **Rote Turm** (Punane torn). Er wurde im 15. Jh. ursprünglich aus rotem Backstein errichtet und ist Pärnus ältestes Bauwerk.

5

Karte Seite 85

Strandleben in Pärnu

5
Karte
Seite
85

⭐ Regenwetter? Das **Erlebnisbad** des Hotels Tervise Paradiis ist mit Rutschen, Wasserfällen, Wildwasserstrom, Sprudelbädern und Warmwasser-Außenbecken nicht nur für Kinder eine Attraktion (Side 14; tgl. 10 bis 22 Uhr, www.terviseparadiis.ee. Tagestickets 220–270 EEK).

ℹ️ **Touristeninformation Pärnu,** Rüütli 16, Tel. 447 3000, Fax 447 3001, www.parnu.ee. Mo–Fr 9–18, Sa/So 10–15 Uhr.

🏠 **Villa Ammende,** Mere 7, Tel. 447 3888, Fax 447 3887, www.ammende.ee. Wunderschöner Jugendstilpalast mit ausgezeichnetem Restaurant. Die luxuriösen Zimmer im Haupthaus sind individuell eingerichtet; preiswerter sind die Zimmer im Gartenhaus. ○○○
▮ **St. Peterburg Hotell,** Hospidali 6, Tel. 443 0555, www.seegimaja.ee. Stilvoll renoviertes Hotel in der Altstadt. 50 Doppelzimmer, davon 3 mit eigenem Bad. Im Restaurant »Seegi Maja« serviert man estnische Küche zu den Klängen barocker Musik. ○○

▮ **Spa Tervis,** Seedri 6, Tel. 445 0111, Fax 445 0307, www.sanatoorium tervis.com. Das größte Kurhotel Estalnds, nahe am Meer. Sachliches Interieur, Wellness-Anwendungen zu sehr günstigen Preisen. ○○

🍴 **Villa Ammende,** im gleichnamigen Hotel. Den Aperitif nimmt man im Gartenzimmer; zum Diner geht's ins Restaurant. Gehobene Küche; reservieren! ○○–○○○
▮ **Embecke,** Rüütli 44, Tel. 447 8900. Internationale und estnische Küche im Restaurant des Best Western Hotel. Gute Weinauswahl. ○○–○○○
▮ **Café Grand,** Kuninga 25, Tel. 444 3412. Im Restaurant des Hotels Victoria stärkte sich schon in den 1920er Jahren die Hautevolée nach dem Schlammbad. Internationale Küche; Fr/Sa Pianomusik. ○○
▮ **Postipoiss,** Vee 12, Tel. 446 4864. Russische Küche in den Räumen der alten Post. Viele Fischgerichte; hausgebrautes Bier. ○○
▮ **Jahisadama Kõrts,** Lootsi 6, Tel. 447 1760. Fischgerichte, estnische und internationale Spezialitäten im Restaurant des Jachtclubs. Schöne Terrasse. ○○

🍸 Die »**Romantic Bar«,** die höchste Bar Pärnus, befindet sich in der obersten Etage des achtstöckigen **Tervise Paradiis Hotels** und bietet einen schönen Blick über Bucht und Stadt (Side 14).
▮ Im **Konzerthaus** (Aida 4, Tel. 445 5810) finden Gastspiele statt; Programm dort, bei der Touristeninformation und unter pkm.concert.ee.

🎁 **Lina Classic,** Rüütli 31. Estnisches und importiertes Leinen. Mo–Fr 10–19, Sa 10–18, So 10–15 Uhr.
▮ **Antiik,** Kuninga 32. Antiquitäten. Mo–Fr 10–18, Sa 10–15 Uhr.

Tour 6

Land der Buchten: Nordestland

Tallinn → **Lahemaa-Nationalpark → *Käsmu → *Gutshof Palmse → Rakvere → **Glintküste → Narva (260 km)

Dichte Wälder und geheimnisvolle Hochmoore sind im Lahemaa-Nationalpark unter Schutz gestellt. An der zerklüfteten Küste wechseln sich malerische Buchten und verträumte Fischerdörfer ab, während im Hinterland die prächtigen Herrenhäuser deutschbaltischer Gutshöfe locken. Hinter Kothla-Järve beginnt mit der Glintküste einer der schönsten Küstenabschnitte Estlands. Von der eindrucksvollen Burgfestung in Narva blickt man schließlich über den gleichnamigen Grenzfluss hinüber nach Russland. Für diese Tour sollte man drei bis vier Tage veranschlagen.

⭐ **Lahemaa-Nationalpark

Dichte Nadelwälder und einsame Moore prägen die Landschaft des Nationalparks. Außer Reihern, Kranichen und Störchen sind hier viele Wasservogelarten heimisch; mit etwas Glück kann man auch Braunbären, Luchsen oder Elchen begegnen. Charakteristisch für Lahemaa sind die an der Küste verstreuten Findlinge; es gibt aber auch schöne Sandstrände, so etwa bei Võsu. Die architektonische Hauptattraktion des Nationalparks sind die gut erhaltenen, deutschbaltischen Herrensitze (s. auch S. 92).

Bucht von *Käsmu

An einer malerischen Bucht liegt das Dorf **Käsmu** ⑫ (80 km) mit alten Fischerkaten, Kapitänshäusern und einem Seemannsfriedhof. Einen Besuch lohnt hier vor allem das skurrile Meeresmuseum, das der Biologe Arne Vaik in seinem Wohnhaus eingerichtet hat (geöffnet »ganzjährig zu jeder Zeit«). In Käsmu beginnen mehrere Wanderwege in die Umgebung (vgl. auch Special S. 11), in der man überall auf riesige Findlinge stößt.

 **Merekalda,** Neeme tee 2, Käsmu, Tel./Fax 323 8451, www.merekalda.ee. Nette Pension am Meer. ○

**Gutshof Palmse ⑬

(97 km) Das Juwel unter den estnischen Herrenhäusern war von 1674 bis 1923 im Besitz der deutschbaltischen Familie von der Pahlen, die den Gutshof im 18. Jh. im Stil des Spätbarock umbauen ließ. Das Wohnhaus ist heute der Öffentlichkeit zugänglich; es wurde nach alten Plänen restauriert und mit zeitgenössischem Mobiliar ausgestattet. Der Große Saal dient als Konzertsaal. In der ehemaligen Schnapsbrennerei ist ein Hotel untergebracht (s. S. 90).

6

Karte Seite 90

⭐ Der Park mit seinen seltenen, alten Bäumen wurde im 19. Jh. um einen See angelegt und lädt mit insgesamt 40 km **Wanderwegen** zu ausgiebigen Spaziergängen ein (Mitte Mai–Sept. tgl. 10–19, Okt.–April tgl. 10–15 Uhr).

ℹ️ **Touristeninformation Lahemaa,** Palmse, Viitna, Tel. 9 5555, Fax 9 5556, www.lahemaa.ee. Mai bis Aug. tgl. 9–19, Sept. 9–17, Okt. bis April Mo–Fr 9–17 Uhr. Diaschau über den Park, Karten zu den Rundwegen.

Bei Altja im Lahemaa-Nationalpark stehen noch einige alte Fischerkaten

Kalvi Mõis, Kalvi küla Aseri vald, Ida Virumaa. Tel. 339 5300, www.kalvi-hotel.com. Luxuriöses Schlosshotel in einem großen Park am Meer. Sehr gutes Restaurant, Pool, Fahrradvermietung. ○○○

▌ **Parkhotel Palmse,** Lääne-Virumaa, Tel. 322 3626, www.phpalmse.ee. 27 moderne Zimmer im barocken Herrenhaus. Gemütliches Kellerrestaurant. Keine Kreditkarten. ○○

Altja kõrts, Altja küla, Tel. 325 8681. Estnische Küche im 400 Jahre alten Fischerdorf Altja, 4 km östlich von Võsu gelegen. ○○

▌ **Viitna kõrts,** Viitna küla, Kadrinavald, Tel. 325 8681. Traditionsreiche Schänke in einem Holzhaus aus dem 19. Jh.; an der Straße nach Tallinn. ○○

Rakvere ㊺

An die einstige Bedeutung des 10 km landeinwärts gelegenen Städtchens (20 000 Einw.; 130 km) erinnert die eindrucksvolle Ruine der **Ordensburg.** Sie wurde im 13. Jh. errichtet und nach mehrfachen Umbauten schließlich im 18. Jh. aufgegeben (Mai–Sept. 11 bis 19 Uhr, Okt.–April nur Gruppen n. Anm.:

6

Karte Seite 90

Tel. 322 5500). Im Zentrum ist die **Dreifaltigkeitskirche** sehenswert; sie erhielt ihr heutiges Aussehen im 17. Jh. und besitzt den höchsten Turm (62 m) außerhalb von Tallinn (Juni–Aug. Mo bis Fr 11–17, So 10.30–12 Uhr). Das **Rakvere-Museum** im Gerichtsgebäude gibt einen Überblick über die Stadtgeschichte (Tallinna 3; Di–Sa 10–17 Uhr).

i **Touristeninformation Rakvere,** Laada 14, Tel./Fax 324 2734, rakvere@visitestonia.com, Mo–Fr 9–18, Sa/So 10–15 Uhr.

Wesenbergh, Tallinna 25, Tel. 322 3480, Fax 322 3524, www.wesenbergh.ee. Hübsch renovierte Zimmer in Zentrumsnähe; Restaurant, Café und Sauna. ○○
▮ **Katariina Kelder,** Pikk 3, Tel. 23943, Fax 23331, www.katariina.ee. Wohnliches Gästehaus mit nettem Restaurant. ○
▮ **Nurga,** Narva 24/Ecke Niine 4, Tel. 79788, aloy@hot.ee. Schlichtes, aber gepflegtes Gästehaus mit Sauna. ○

****Glintküste**

Die Industriestadt Kohtla-Järve ❼ (47 000 Einw.; 190 km) besitzt sehr wenig touristische Reize. Doch ein kurzes Stück nördlich der Stadt beginnt die Glintküste, einer der dramatischsten Küstenabschnitte des Landes. Zum Teil erreichen die Klippen eine Höhe von über 50 m; über Felsabbrüche stürzen sich kleine Flüsse und Bächlein ins Meer. Besonders eindrucksvoll ist der 20 m hohe Wasserfall zwischen Ontika und Valaste. Im einstigen Kurort Toila gibt es gute Bademöglichkeiten.

Alex, Kalevi 3, Kohtla-Järve, Tel. 339 6230, Fax 339 6241, www.alex.ee. Nüchterne Ausstattung, zentrale Lage; Restaurant, Casino und Pool. ○○
▮ **Sanatoorium Toila,** Ranna 12, Toila, Tel. 334 2900, Fax 334 2901, www.toilasanatoorium.ee. In Strandnähe gelegenes Kurhotel; Schwimmbad und Sauna. ○○
▮ **Toila,** Pikk 24, Toila, Tel. 501 4302, Fax 337 0599, ivikavillers@hot.ee. Ferienblockhaus mit Kamin und Sauna in Strandnähe; für bis zu 6 Pers. ○○

★ In der Johannisnacht (24. Juni) werden am Küstenabschnitt zwischen Saka und Toila unzählige **Sonnwendfeuer** entzündet – für Romantiker ein unvergessliches Erlebnis.

6

Karte Seite 90

Himmelfahrtskathedrale in Pühtitsa

Abstecher zum
*Kloster Pühtitsa ㊽

Von Kohtla-Järve bietet sich ein Abstecher nach Pühtitsa an (35 km südöstl. bei Kuremäe), dem einzigen bewohnten orthodoxen Kloster Estlands. 150 Nonnen leben hier vom Gemüse- und Getreideanbau. Zu der 1891 gegründeten Anlage gehören sechs Kirchen, darunter die **Himmelfahrtskathedrale** (1910) mit ihren leuchtend grünen Kuppeln. Hohe Feldsteinmauern umgeben einen idyllischen **Garten.**

Das Kloster, das dem Moskauer Patriarchat unterstellt ist, macht wenig Zugeständnisse an den Tourismus; man kann sich jedoch in Ruhe in der Anlage umschauen. Das kleine Gästehaus im Kloster ist auf die Bedürfnisse von Pilgern abgestellt (Tel. 339 2124).

Narva ㊾

In der Grenzstadt (74 000 Einw.; 260 km) sind ca. 97 % der Einwohner Russen. Die historische Altstadt wurde im Zweiten Weltkrieg völlig zer-

6

**Karte
Seite
90/95**

Estnische Herrensitze

Fernab der großen europäischen Höfe pflegte der deutschbaltische Adel über Jahrhunderte ein beschauliches Landherrenleben. Jeder Landsitz war ein kleines, autarkes Universum – mit Kapelle, Schulhaus, Wirtschaftsgebäuden und eigener Brennerei. Auf seinem Land war der Gutsherr König: Er sprach Recht und mehrte seinen Wohlstand durch die Arbeit der Pachtbauern. Die Entfernung zum europäischen Adel überbrückte mancher Gutsherr architektonisch: Viele Herrenhäuser erinnern an englische Landsitze und ihre Landschaftsparks; andere nehmen italienische Einflüsse auf.

Das wie Palmse im Lahemaa-Nationalpark gelegene Rokokoschlösschen **Sagadi** (18. Jh.) ist Schauplatz von Konzerten und Sitz des Estnischen Forstmuseums (Mai–Sept. tgl. 10–18 Uhr). Auch dort wurde in Nebengebäuden ein modernes Hotel mit Restaurant eingerichtet. Mit dem Gutshaus **Alatskivi** (19. Jh.) in Südestland (Järvamaa) näherten sich die Familien Stackelberg und Nolcken baulich dem schottischen Balmoral Castle an. Das in der Nähe gelegene **Albu** (17. Jh.) ist heute eine Schule, kann aber in den Ferien besichtigt werden (Juni–Aug. 11–17 Uhr, Tel. 382 0501). **Sangaste** (19. Jh.) bei Otepää erinnert an Windsor Castle; einige Räume sind der Öffentlichkeit zugänglich (tgl. 8 bis 20 Uhr). In 30 recht einfachen Gästezimmern kann man nächtigen wie einst der deutschbaltische Adel (www.sangasteloss.ee).

stört, doch der Anblick zweier mächtiger, nur durch einen Fluss voneinander getrennten Festungsanlagen lohnt den Weg hierher. Die estnische ****Hermannsfestung** (Hermaani Linnus) wurde im 13. Jh. von den Dänen errichtet und später vom Deutschen Orden und den Schweden ausgebaut. Ein ausgeschilderter Rundgang führt durch mehrere Burgräume, in denen auch das Stadtmuseum seine Sammlung aufbewahrt (Mi–So 10–18 Uhr). Vom »Langen Hermann« hat man einen schönen Blick auf die russische **Festung Iwangorod**, die Zar Iwan III. im 15. Jh. errichten ließ.

ℹ️ **Touristeninformation Narva,** Puškini 13, Tel./Fax 356 0184, www.tourism.narva.ee; Mo–Fr 9–18, Sa/So 10–15 Uhr.

🏠 **King,** Lavretsovi 9, Tel. 357 2404, Fax 359 2075, www.hotelking.ee. Originelles Hotel in einem ehemaligen Lagerhaus aus dem 17. Jh. In der Altstadt nahe der Grenze gelegen; mit Restaurant. ○○
▪ **Narva Jõesuu Spa,** Aia 3, Narva-Jõesuu, Tel. 359 9529, Fax 359 9525, www.narvajoesuu.ee. Großes Spa-Hotel im traditionsreichen Badeort an der Mündung der Narva; 7 km langer Sandstrand. ○○
▪ **Liivarand,** Koidula 21, Tel. 357 7439, Fax 357 7341, www.liivarand.ee. Nettes Gästehaus, etwas außerhalb am Meer gelegen. Sauna und Bar. ○

🍴 **Rondeel,** Peterburi 2, Tel. 359 9257. Beliebtes Lokal in der Hermannsburg; estnische und russische Gerichte; Reservierung empfehlenswert. ○○
▪ **Narva,** Puškini 6, Tel. 359 9600. Sehr gute internationale Küche im gleichnamigen Hotel im Zentrum Narvas. ○○

Der unentdeckte Süden Estlands

**Tartu → **Peipus-See → Mustvee → Kallaste → Põlva → Võru → Otepää → *Elva → **Tartu (149 km)

Wem die Ostsee zu kalt ist, der sollte sein Badeglück im Süden Estlands versuchen: Inmitten grüner Hügel und dichter Kiefernwälder liegen hier Hunderte von Seen – viele haben sandige Badestrände. Der Peipus-See, Europas viertgrößter Binnensee, teilt zwei Welten: Durch ihn verläuft die Grenze nach Russland. Glanzpunkt der dreitägigen Tour ist die Universitätsstadt Tartu mit historischer Altstadt und studentisch geprägter Kultur- und Kneipenszene. Võru führt in die Welt der Setu: Diese finno-ugrische Volksgruppe hat ihre eigene Sprache und Kultur bewahrt. Etwas weiter südlich kann man vom höchsten Berg des Baltikums in eine Landschaft schauen, die als eine der schönsten Estlands gilt.

**Tartu ⑳

Als Sitz der ältesten estnischen Universität war Tartu (Dorpat; 95 000 Einw.) von jeher das geistige Zentrum des Landes. Auch für die Unabhängigkeitsbewegung spielte es eine wichtige Rolle: 1869 fand hier das erste estnische Sängerfest statt. Als Tartu im 19. Jh. durch einen Großbrand zerstört wurde, beschloss man, fortan ausschließlich in Stein zu bauen. So entstand das herrliche, klassizistische Ensemble der Altstadt. Im Gefolge der

7

Karte Seite 95

Westportal der Jaani Kirik in Tartu

Studentenschaft hat sich in ihren Straßen eine reiche Kneipen- und Cafékultur entwickelt.

⭐ Tartu vom Fluss aus erkunden, auf eigene Faust oder an Bord eines kleinen Ausflugsschiffs. **Bootsverleih:** Emajõe Paadimees, Lai tn 1–6, Tel. 525 5566. **Bootstouren:** Flusstouren auf dem Emajõgi und Tagestouren zur Insel Piirissaare im Peipussee (Do und So 10 Uhr) bietet Tartu Sadam an: Tel. 734 0066, www.transcom.ee/tartusadam.html.

Altstadt

Tartus Herz schlägt am *Rathausplatz (Raekoja plats), den historische Bürgerhäuser in Pastelltönen begrenzen. Durch Bodenabsenkung ist das **Haus Nr. 18** so schief wie der Turm von Pisa. Es beherbergt eine Kunstgalerie, die vorwiegend Werke estnischer Maler zeigt (Mi–So 11–18 Uhr). Das **Rathaus** liegt auf der Westseite des Platzes. Es wurde 1789 errichtet und gilt als eines der schönsten klassizistischen Gebäude des Landes.

Über die Ülikooli tänav gelangt man von dort zum Hauptgebäude der **Universität,** einem klassizistischen Prachtbau mit Säulenvorhalle. Wenn gerade keine Vorlesung stattfindet, lohnt ein Blick in die stuckverzierte Aula. Im Südflügel des Gebäudes ist das universitäre Kunstmuseum mit den Gipskopien antiker Skulpturen untergebracht (Mo–Fr 11–17 Uhr).

*Johanniskirche

Nördlich, an der Jaani tänav, liegt die gotische Johanniskirche (Jaani Kirik), die als bedeutendste Backsteinkirche Estlands gilt. In Europa einzigartig sind die ****Terrakottaplastiken,** die das Westportal, den Turm und die Pfeilerkapitelle schmücken. Die Basilika, die im Zweiten Weltkrieg ausbrannte, wurde Mitte 2005 nach langer Restaurierung eingeweiht (Do bis So 10–18 Uhr).

Botanischer Garten

Im Anschluss kann man im 1806 angelegten Botanischen Garten mit Rosengarten, Palmenhaus und altem Baumbestand einen schönen Spaziergang unternehmen (7–21, Winter 7–19 Uhr).

Domberg

Der Domberg (Toomemägi) ist heute eine hübsche Parkanlage, die alte Bäume und Denkmäler prominenter Wissenschaftler zieren. Sie wurde um die Ruine des mittelalterlichen **Domes** (Toomkirik) angelegt. Den erhaltenen Chorraum baute man 1806 zur Bibliothek um; er beherbergt heute das Historische Museum der Universität (Mi bis So 11–17 Uhr). Die Engelsbrücke (Inglisild) führt zur **Sternwarte,** die im 19. Jh. eines der besten Fernrohre Europas besaß. Ein kleines Museum informiert über die Geschichte des Instituts (Besuch nur nach Anmeldung, Tel. 737 5798, www.ahhaa.ee).

7
Karte
Seite
95

ℹ️ **Touristeninformation Tartu,** Raekoja plats 14, Tel. 744 2111, www.visittartu.com; Mo–Fr 9–18, Sa 10–17, So 10 bis 15 Uhr.

🏠 **Draakon,** Raekoja plats 2, Tel. 744 2045, www.draakon.ee. Kleines, stilvolles Hotel am Rathausplatz; schönes Restaurant in barockem Saal; Bierkeller. ○○○

▌**Uppsala maja,** Jaani 7, Tel. 736 1535, Fax 736 1536, www.uppsalamaja.ee. Holzhaus aus dem 18. Jh. mit fünf einfachen Zimmern; unweit vom Rathausplatz. ○○

▌**Ihaste,** Pallase 25/27, Tel. 733 1060, Fax 733 1048, www.ihastehotell.ee. 46 gepflegte Zimmer; gutes Restaurant. Etwas außerhalb gelegen. ○○

🍴 **Barclay,** Ülikooli 8, Tel. 744 7100. Im gleichnamigen Jugendstilhotel; gediegen, ambitionierte internationale und estnische Küche. ○○○

▌**Püssirohukelder (Pulverturm),** Lossi 28, Tel. 730 3555. Rustikales Restaurant im historischen Pulverkeller; Livemusik. ○○

▌**Café Shakespeare,** Vanemuise 6, Tel. 744 0140. Theatercafé mit Terasse und Livemusik (Mo–Sa). ○

▌**Gruusia Saatkond,** Rüütli 8, Tel. 744 13 86, www.gruusiasaatkond.ee. Gute Küche, schönes Ambiente. ○

🎁 Im **Antoniushof** neben der Johanniskirche kann man Kunsthandwerkern bei der Arbeit zuschauen und die Produkte gleich erwerben.

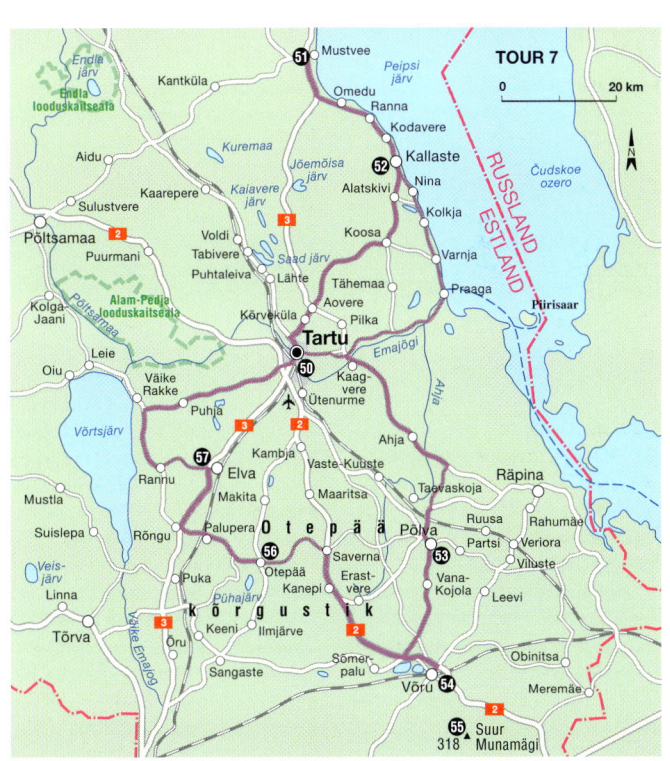

Weitläufige Seenlandschaften wie hier bei Otepää prägen den Süden Estlands

Vanemuine Theater, Vanemuise 6, Tel. 744 0165, www.vanemuine.ee. Die Ballett- und Opernaufführungen im ältesten Theater des Landes (1870) kann man auch ohne estnische Sprachkenntnisse genießen.

■ **Jazzclub Illegaard,** Ülikooli 5, Tel. 742 3743. Mo Pianobar, Fr Livemusik. Dazwischen Jazz und Wechselausstellungen in der angeschlossenen Galerie. 21–2 Uhr.

■ **Krooks,** Jakobi 34. Große Bierauswahl auch für späte Gäste: bis 4.30 Uhr.

Abstecher zum **Peipus-See

Für Ausflügler, die Ruhe und Einsamkeit lieben, ist der Peipus-See (Peipsi järv) ein lohnendes Ziel. Sein Ufer säumen Fischerdörfer, Dünen und einsame Sandstrände. Touristische Einrichtungen gibt es kaum; das Angebot beschränkt sich auf Camping und Ferien auf dem Bauernhof.

Am Westufer des Sees siedelten sich im 19. Jh. russische Altgläubige an, die in ihrer Heimat verfolgt wurden. In **Mustvee** ⑤ (2 000 Einw.; 63 km von Tartu) steht ein Gotteshaus dieser Religionsgemeinschaft; ein kleines Museum dokumentiert ihr Schicksal

(Mo–Fr 14–18 Uhr, sonst nach Anmeldung unter Tel. 772 6491). Der 29 km entfernte Fischerort **Kallaste** ㊾ liegt am einzigen Steilküstenabschnitt des Peipus-Sees, der auch »Roter Berg« genannt wird – rötliche Sandsteinfelsen fallen hier 6 m tief zum Wasser ab. Auch in Kallaste stellen Russen die Mehrheit der Einwohner.

i **Touristeninformation Peipsiveere,** Liivi Muusem, Alatskivi, Tartumaa, Tel./Fax 745 3846, lm@kiirte.ee

Über Põlva ㊾ nach Võru ㊾

Dunkle Fichtenwälder und blaue Seen verleihen dem Süden Estlands kräftige Farben. Nicht weit von **Põlva** (7 000 Einw.; 47 km) lädt das malerische **Ahja-Tal** zu Wanderungen und Kanutouren ein. Besonders reizvoll ist der Abschnitt zwischen den Dörfern Taevaskoja und Kiidjärve. Auch das Provinzstädtchen **Võru** (73 km), das Zarin Katharina II. 1784 planmäßig anlegen ließ, liegt in herrlicher Umgebung. Die Touristeninformationen in Põlva und Võru organisieren mehrtägige Wanderungen und Entdeckungsreisen auf

7

Karte Seite **95**

den Seen. In dieser Region Estlands leben Angehörige der Setu (s. Kasten), einer Volksgruppe, die man an ihren farbenfrohen Trachten erkennt.

Die touristische Infrastruktur ist trotz der Nähe zu Tartu kaum entwickelt. Restaurants sind rar: Wem eine Suppe an der Tankstelle nicht reicht, ist auf Hotelrestaurants oder ein eigenes Lunchpaket angewiesen.

i **Touristeninformation Põlva,** Kesk 42, Tel. 799 5001, Fax 799 4089, polva@visitestonia.com; ❙ **Touristeninformation Võru,** Tartu 31, Tel./Fax 782 1881, voru@visitestonia.com; beide Mo–Fr 9–18, Sa/So 10–15 Uhr.

Kubija, Männiku 43 a, Tel./Fax 786 6000, www.kubija.ee. 3 km außerhalb von Võru am Kubija-See gelegen; modern eingerichtete Zimmer; Restaurant, Sauna, Ski- und Fahrradverleih. ❍❍❍ ❙ **Pesa,** Uus 5, Põlva, Tel. 799 8530, Fax 799 8531, www.kagureis.ee. 1 km vom Zentrum entfernt gelegen; Pool, Sauna, Restaurant und Bar.

Das Hotel arrangiert mehrstündige Kanuwanderungen auf den Flüssen Ahja und Võhandu. ❍❍ ❙ **Aarde Villa,** Sääritsa, Tel. 776 4290, www.aardevilla.ee. In einer Poststation aus dem 18. Jh. am Peipussee zwischen Mustvee und Kallaste gelegenes kleines Hotel (ausgeschildert). Campingmöglichkeit. ❍ ❙ **Arossa,** Nooska küla, Võru vald. Tel. 782 9114, Fax 786 1501, www.arossa.ee. Gemütliches Gästehaus, etwas außerhalb von Võru mitten in der Natur gelegen. ❍

18 km südlich von Võru liegt der **Suur Munamägi** ❺❺, mit 318 m die höchste Erhebung Estlands. Vom Aussichtsturm auf dem Gipfel hat man bei klarem Wetter einen schönen Blick bis nach Lettland und Russland.

Otepää ❺❻

Otepää (116 km) ist der beliebteste Wintersportort des Landes; in wundervoller Landschaft kann man hier nach Herzenslust rodeln, Schlittschuh fahren, langlaufen und eisangeln (Ausrüstung vor Ort erhältlich). Doch auch im

7

Karte Seite 95

Leben auf der Grenze: Die Setu

10 000 oder 20 000 Menschen gehören noch dem Volk der Setu an – die Angaben schwanken. Der finno-ugrische Stamm lebt in den einsamen Gegenden am Südufer des Peipus-Sees. Zwar sind die Setu mit den Esten eng verwandt, sie hängen aber dem orthodoxen Glauben an und sprechen einen Dialekt, der viele Anleihen beim Russischen nimmt. Sie haben ihre eigenen Bräuche, Lieder und Ge-

richte – unbedingt probieren sollte man den *sõir,* eine Art Hüttenkäse. Einige Tausend Setu sind auf russischer Seite wohnhaft – und somit von ihren Landsleuten getrennt. Eine Sonderregelung erlaubt ihnen, an hohen Feiertagen ohne Visum nach Estland einzureisen. Hauptorte der Setu sind Meremäe und Misso; in Obinitsa dokumentiert ein kleines Museum ihre Kultur (Mitte Mai–Okt. Di–So 11–17 Uhr).

Ländliche Idylle strömt im südlichen Estland geballt auf die Reisenden ein

Sommer hat die seenreiche Hügellandschaft ihren Reiz: Vor allem die Strände des westlich von Otepää gelegenen **Pühajärv** (Heiligensee) sind ein herrlicher Ort, um einen warmen Tag zu verträumen. Die Wälder der umliegenden Höhen sind ideal zum Wandern und Spazierengehen. Sehenswert ist die mittelalterliche Kirche im Ort, in der die größte Orgel des Landes braust.

> **Touristeninformation Otepää,** Lipuväljak 13, Tel. 766 1200, otepaa@ visitestonia.com; Mo–Fr 9 bis 18 Uhr, Sa 10–15 Uhr.

> **Bernhard,** Kolga 22 a, Tel. 766 9600, Fax 766 9601, www.bernhard.ee. Gepflegtes Haus, 20 Doppelzimmer, 8 Familienzimmer. Mit Pool und Sauna. ○○
> ▌ **Arula,** Tel. 516 8655, www.arula.ee. Komfortable Unterkunft mit Restaurant, Sauna und Kaminzimmer; etwa 10 km südwestlich von Otepää im Dorf Arula gelegen. ○○

*Elva ⑤⑦

Mitten im Wald gelegen und von herrlischer Seen- und Flusslandschaft umgeben, ist Elva (6 000 Einw.; 149 km) eine der schönsten Kleinstädte Estlands. Bereits im 19. Jh. war sie ein beliebtes Urlaubsziel der Esten; heute fährt fast der gesamte Lehrkörper der Universität Tartu hierher in die Sommerfrische. Es lohnt sich, auf dem Rückweg in Richtung Tartu hier einen Stopp einzulegen, um durch die gepflegten Straßen und Parks zu spazieren.

> **Touristeninformation Elva,** Kesk 32, Tel. 730 9880, Fax 730 9881; Di–Fr 10–17, Sa 10–15 Uhr.

> **Verevi Motel,** Raudsepa 2, Tel./Fax 745 7084, www.verevi.ee. Freundliches 11-Zimmer-Haus mit Sauna und Kaminzimmer; unter Pinien am Verevi-See gelegen. Eigener Boots- und Fahrradverleih. ○

Infos von A–Z

Ärztliche Versorgung

Die medizinische Versorgung durch Ärzte und Apotheken ist flächendeckend. Der EWR-Auslandskrankenschein (bzw. die Europäische Krankenversicherungskarte) gilt in den baltischen Staaten. Die Behandlung muss man im Voraus bezahlen; die Krankenkasse erstattet die Kosten. Eine private Auslandskrankenversicherung deckt Mehrkosten und ggf. einen Rücktransport ab.

Behinderte

Behindertengerecht ausgestattete Gebäude und Verkehrsmittel sind bisher die Ausnahme. Diesbzgl. Informationen bei der **BAGCBF,** Langenmarckweg 21, 51465 Bergisch Gladbach, Tel. 0049 - 22 02/9 89 98 11.

Devisenbestimmungen

Bei der Einfuhr von Geldbeträgen über 200 000 EEK wird in Estland ein Bankbeleg verlangt. In Litauen müssen Geldbeträge über 10 000 LTL angemeldet werden. Für Lettland gibt es keine Beschränkungen.

Diplomatische Vertretungen
Estland:
▪ **Deutsche Botschaft,** Toomkuninga 11, 15048 Tallinn, Tel. 627 5300, Fax 627 5304, www.tallinn.diplo.de, tallinn@germany.ee.
▪ **Österreichische Botschaft,** Vambola 6, 10114 Tallinn, Tel. 627 8740, Fax 631 4365, www.austrian embassy.ee, tallinn-ob@bmaa.gv.at.
▪ **Honorarkonsulat der Schweiz,** Tuvi 12/28, 10119 Tallinn, Tel. 631 3041, Fax 631 4092.
Lettland:
▪ **Deutsche Botschaft,** Raina bulvaris 13, 1050 Rīga, Tel. 708 5100, Fax 708 5148, www.deutschebotschaft-riga.lv, mailbox@deutschebotschaft-riga.lv.
▪ **Österreichische Botschaft,** Elizabetes 21 a-12, 1010 Rīga, Tel. 721 6125, Fax 721 6126, riga-ob@bmaa.gv.at.
▪ **Botschaft der Schweiz,** Elizabetes 2, 1340 Rīga, Tel. 733 8351, Fax 733 8354.
Litauen:
▪ **Deutsche Botschaft,** Sierakausko 24-8, 03105 Vilnius. Tel. 5 210 6400, Fax 210 6446, www.deutschebotschaft-wilna.lt.
▪ **Österreichische Botschaft,** Gaono 6, 01131 Vilnius, Tel. 5 266 0580, Fax 279 1363, wilna-ob@bmaa.gv.at.
▪ **Konsulat der Schweiz:** zuständig ist die Schweizer Botschaft in Rīga.

Einreise

Für EU-Bürger genügt ein Personalausweis oder Reisepass, der noch drei Monate lang gültig ist. Kinder ab sieben Jahren brauchen einen Ausweis mit Lichtbild, ab 16 Jahren einen regulären Personalausweis. Auf Anfrage muss man eine gültige Krankenversicherung vorweisen können.

Elektrizität

Die Netzspannung beträgt 220 Volt, 50 Hz; Euro-Norm-Stecker passen meist. In ländlichen Gebieten kann ein Adapter für Osteuropa nützlich sein.

Feiertage

1. Januar Neujahrstag; 16. Febr. Unabhängigkeitstag (Litauen); 24. Febr. Unabhängigkeitstag (Estland); 11. März Tag der wiedererlangten Unabhängigkeit (Litauen); Karfreitag; Ostermontag; 1. Mai (Estland, Lettland); 23. Juni Tag des Sieges (Estland); 23. Juni Sommersonnwende (Lettland); 23./24. Juni Sommersonnwende (Litauen); 24. Juni Sommersonnwende (Estland);

6. Juli Krönung von Fürst Mindaugas (Litauen); 15. August Maria Himmelfahrt (Litauen); 20. Aug. Tag der wiedererlangten Unabhängigkeit (Estland); 21. Aug. Tag der wiedererlangten Unabhängigkeit (Lettland); 1. Nov. Allerheiligen (Litauen); 18. Nov. Unabhängigkeitstag (Lettland); 25./26. Dez. Weihnachten; 31. Dez. Silvester (Lettland).

Geld und Währung

In Estland gilt die estnische Krone (1 Kroon/EEK = 100 Senti), in Lettland der Lats (1 LVL/Ls = 100 Santimi) und in Litauen der Litas (1 LTL/Lt = 100 Centai). Tauschen kann man in Banken und Hotels; Bares bekommt man zudem am Geldautomaten (Bank- und Kreditkarten). Kreditkarten finden in den Städten und in der Hotellerie weite Akzeptanz. Die estnische Krone ist an den Euro gekoppelt (1 € = 15,65 EEK); ebenso der Litas (1 € = 3,4528 Lt). Der Lats ist an einen Währungskorb gebunden (1 € = 0,69 Ls).

Haustiere

Bei der Mitnahme von Haustieren müssen EU-Heimtierpass und internationaler Impfpass mitgeführt werden. Tollwutimpfung und eine Reihe weitere Impfungen sind vorgeschrieben. Bei der Einreise nach Estland und Litauen wird zusätzlich ein amtstierärztliches Gesundheitszeugnis in englischer Sprache verlangt. Infos unter www.auswaertiges-amt.de. Bis 2011 müssen Hunde in Estland und Litauen mit Mikrochip »nachgerüstet« werden.

Information

In Deutschland sind die baltischen Staaten mit einer gemeinsamen Informationszentrale vertreten: **Baltikum Tourismus-Zentrale,** Katharinenstr. 19, 10711 Berlin, Tel. 0 30/89 00 90 91, Fax 89 00 90 92, www.baltikuminfo.de

Internet

Fast jede baltische Stadt besitzt zumindest ein Internet-Café, und fast jedes Hotel bietet seinen Gästen einen Computer mit Internetzugang an – oft sogar kostenlos. Vor allem im fortschrittlichen Estland trifft man überall auf »Wifri«-Schilder – Hinweis auf drahtlosen Internetzugang.

Notruf

▌ **Estland:**
Feuerwehr und Ambulanz: 112
Polizei: 110
(Festnetz- und Mobiltelefon)
▌ **Lettland:**
Feuerwehr: 01
Polizei: 02
Ambulanz: 03
(Festnetz- und Mobiltelefon)
▌ **Litauen:**
Feuerwehr: 01 (Festnetz), 112 (Mobil)
Polizei: 02 (Festnetz), 112 (Mobil)
Ambulanz: 03 (Festnetz), 112 (Mobil)

Es ist mittelfristig geplant, die 112 länderübergreifend als Notrufnummer einzurichten.

Öffnungszeiten

In den Städten sind die Geschäfte meist von 10–21 Uhr geöffnet, am Wochenende bis 20 Uhr. Lebensmittelgeschäfte schließen oft erst am späten Abend (22 Uhr). Auf dem Land sind die Geschäftszeiten kürzer und Mittagspausen nicht ungewöhnlich. Banken öffnen werktags zwischen 9 und 10 Uhr und schließen zwischen 16 und 18 Uhr. Wechselstuben sind oft an sieben Tagen der Woche von morgens bis spät abends geöffnet.

Post und Porto

Postkarten und Briefe schaffen es per Luftpost meist in drei bis fünf Tagen nach Deutschland. Das Porto ist vergleichsweise niedrig: Ein Brief kostet per Luftpost 0,48 €; eine Postkarte unter 0,30 €. Die Hauptpost in Tallinn (Narva mnt. 1) öffnet Mo–Fr 7.30–20, Sa 8–18 Uhr, die in Rīga (Stacijas laukums 1) während der Woche 8–20, Sa 8–18, So 8–16 Uhr, die in Vilnius (Gedimino 7) Mo–Fr 7–19, Sa 9–16 Uhr.

Sicherheit

Die Kriminalität ist nicht auffällig, aber Eigentumsdelikte (in den Städten Taschendiebstahl) kommen vor. Das Auto stellt man am besten nur auf bewachten Parkplätzen ab und lässt nichts Wertvolles darin liegen.

Souvenirs

Beliebte Mitbringsel sind handgestrickte Pullover, Socken und Handschuhe, weiterhin Leinen und Spitze. In vielen Souvenirläden kann man qualitätvolle Keramik-, Glas-, Leder- und Korbwaren erstehen. Besonders begehrt sind Schmuckstücke aus Bernstein, die man aber keinesfalls bei Straßenhändlern kaufen sollte. Als Souvenir eignen sich auch baltische Süßwaren und Kräuterliköre.

Telefon

Öffentliche Telefonzellen funktionieren mit Telefonkarten, die man in Tankstellen, größeren Geschäften und am Kiosk bekommt. Handybenutzer fahren am günstigsten mit wieder aufladbaren Prepaid-Karten, die für ca. 20 € in vielen Geschäften und Kiosken erhältlich sind.

Bei Gesprächen innerhalb Estlands ist die Vorwahl in die Nummer integriert – es muss keine 0 vorangestellt werden. In Lettland ist fast das ganze Telefonsystem digitalisiert worden. D. h., dass man von einem Anschluss mit 7-stelliger (digitaler) Nummer jede andere 7-stellige einfach anwählt – gegebenenfalls mit Ortsvorwahl. Hat man es jedoch mit einer der seltener werdenden 6-stelligen (analogen) Nummern zu tun, muss man eine 2 vorwählen. Ruft man selbst von einem Anschluss mit 6-stelliger Nummer an, wählt man die 1 und wartet auf ein Freizeichen. Dann geht es los. Ab 2007 werden alle lettischen Nummern 8-stellig und die Verwirrung noch größer. Dann wird jeder Telefonnummer im Festnetz eine zusätzliche 6, Mobilnummern eine 2 vorangestellt. In Litauen wird der Vorwahl eine 8 vorangestellt.

Vorwahlen: Litauen 00370, Lettland 00371, Estland 00372. Deutschland 0049, Österreich 0043, Schweiz 0041.

Englischsprachige Telefonauskunft: Estland 1182, Lettland u. Litauen 118

Trinkgeld

Trinkgelder stoßen in ländlichen Gegenden noch relativ häufig auf Unverständnis; in der Stadt werden sie inzwischen jedoch erwartet. Als Anerkennung für guten Service in Gastronomie und Hotellerie sind 5–10% des Rechnungsbetrages üblich.

Zeit

Im Baltikum ist man der Mitteleuropäischen Zeit (MEZ) um 1 Stunde voraus. In Litauen gibt es keine Sommerzeit – die Uhrzeit entspricht von März bis September der MEZ.

Zollbestimmungen

Innerhalb der EU darf man grundsätzlich ein- und ausführen, was nachweislich für den eigenen Verbrauch bestimmt ist. Für Alkohol und Tabak gelten folgende Beschränkungen: 90 l Wein, 10 l Bier, 10 l Spirituosen, 800 Zigaretten, 400 Zigarillos, 200 Zigarren, 1 kg Tabak.

Schweizer können Geschenke im Wert von bis zu 300 CHF mitbringen; zusätzlich 1 l Spirituosen, 2 l Wein, 200 Zigaretten und 250 g Tabak.

Langenscheidt Mini-Dolmetscher Baltikum

Allgemein	Litauisch	Lettisch	Estnisch
Guten Morgen	Labas rytas [labas rihtas]	Labrīt [labriht]	Tere hommikust [derre hommikußt]
Guten Tag	Laba diena [laba dina]	Labdien [labdiän]	Tere [derre]
Guten Abend	Labas vakaras [labas vakaras]	Labvakar [labwakar]	Tere õhtust [derre yhtußt]
Hallo	Labas [labas]	sveiks (m) /sveika (w) [swäiks/swäika]	Tere [derre]
Wie geht's?	Kaip sekasi? [kaip laikotäs]	Kā Jums iet? [kah jumßiät]	Kuidas käsi käib? [guidas gäsi gäib]
Danke, gut	Ačiū, gerai [atschiuh gerai]	Paldies, labi. [paldiäß labi]	Tänan, hästi. [tänan häßti]
Ich heiße	Mano pavardė [mano pavardäh]	Mans vārds ir [mans wahrds ir]	Minu nimi on [minu nimi on]
Auf Wiedersehen	Iki pasimatymo [iki pasimatihmo]	Uz redzēšanos [us rädsähschanoß]	Head aega [he·ad a·ega]
morgen	rytoj [rihtoi]	rīt [riht]	homme [homme]
heute	šiandien [schiandihn]	šodien [schohdiän]	täna [täna]
Sprechen Sie Deutsch/ Englisch?	Ar Jus kalbate vokiškai / angliškai? [ar jus kalbate wokischkai / anglischkai]	Vai Jūs runājiet vāciski/angliski? [wai juhß runahjät wahziski/anglißki]	Kas Te räägite saksakeelt/ingliskeelt? [kaß te rähgite ßakßakehlt / inglißkehlt]
Ich verstehe nicht	Aš nesuprantu. [asch nesuprantu]	Es Jūs nesapratu. [eß juhs näßapruotu] atkahrtojät]	Ma ei saa aru. [ma e·i sah aru]
... bitte	Prašom ... [praschom]	... lūdzu. [luhdsu]	Palun ... [balun]
Danke.		Paldies. [paldiäß]	Tänan. [tänan]
Wo ist ...?	Kur yra ...? [kur ihra]	Kur ir ...? [kur ir]	Kus on ...? [kuß on]
ja	taip [taip]	jā [jah]	jah [jach]
nein	ne [nä]	nē [näh]	ei [ei]

Sightseeing	Litauisch	Lettisch	Estnisch
Gibt es hier eine Touristeninformation?	Ar čia yra turizmo informacijos centras? [ar tschia ihra turismo informazjoß zentraß]	Kur atrodas tūrisma informācijas centrs? [kur atrodaß tuhrißma informahzjaß centris]	Kas on siin kuskil touristi informatioon? [gaß on sihn gußgil turißti informatiohn]

Shopping	Litauisch	Lettisch	Estnisch
Wo gibt es ...?	Kur yra...? [kur ihra]	Kur ir...? [kur ir]	Kus on...? [kuß on]
Wie viel kostet das?	Kiek tai kainuoja ? [kijek tai kainuoaja]	Cik tas maksā? [zik taß makßah]	Mis see maksab? [miß ßeh makßab]
Das ist zu teuer.	Tai man per brangu. [tai man per brangu]	Tas ir par dārgu. [tas ir par dahrgu]	See on liiga kallis. [ßeh on lihga gallis]
Das gefällt mir (nicht).	Man tai (ne) patinka. [man tai (ne) patinka]	Man tas (ne)patīk. [man tas (nä)patihk]	See mulle (ei) meeldib! [ßeh mulle e·i mehldib]
Ich nehme es.	Aš pirksiu [asch pirksiu]	Es to nemšu. [äß tuo njämschu]	Ma ostan selle [ma oßtan selle]

Notfälle	Litauisch	Lettisch	Estnisch
Ich brauche einen Arzt.	Man reikia gydytojo [man reykja gihdihtojo]	Lūdzu, izsauciet ātro palīdzību. [luhdsu isßauzjät ahtro palihzihhu]	Ma vajan arsti [ma wajan arßti]
Rufen Sie bitte einen Krankenwagen / die Polizei.	Pakvieskite gydytoją / policiją [pakvijeskite gihdihtojah / polzijah]	Lūdzu izsauciet ārstu / policiju [isßauziät luhdsu ahrsts / poliziju]	Palun helistage kiirabile / politseisse [balun helißtage kihrabile / polizeiße]

Notfälle	Litauisch	Lettisch	Estnisch
Ich hatte einen Unfall.	Aš pakliuvau į avariją [asch pakliuwau ih awarija]	Man notika satiksmes negadījums. [man nuotika satikßmeß nägadihjums]	Mul oli liiklusõnnetus. [mul oli lihklusynnetus]
Wo ist das nächste Polizeirevier?	Kur yra artimiausia policija? [kur ihra artim ijausia polizija]	Kur ir policija? [kur ir polizija]	Kus on lähim politsei? [kuß on lähim polizei]
Ich bin bestohlen worden.	Mane apvogė [manä apwogäh]	Mani apzaga. [mani apßaga]	Minult varastati. [minult waraßtati]
Mein Auto ist aufgebrochen worden.	Mano automobilis yra apvogtas. [mano automobilis ihra apwogtas]	Mana mašīna ir izlaupīta. [mana maschihna ir ißlaupihta]	Minu autosse murti sisse. [minu autosse murrti sisse]

Essen/Trinken	Litauisch	Lettisch	Estnisch
Die Speisekarte, bitte.	Atsiprašau, galima meniu? [azipraschau galima menju]	Lūdzu ēdienkarti. [luhdsu ähdjänkarti]	Palun andke mulle menüü. [balun antke mulle menüh]
Brot	duona [duoana]	maize [maisä]	leiba [le·iba]
Kaffee	kava [kawa]	kafija [kafija]	kohv [kochf]
Tee	arbata [arbata]	teja [täja]	tee [teh]
mit Milch / Zucker	su pienu / cukrumi [su pihnu Ì zukrumi]	ar pienu / cukuru [ar piänu / zukuru]	koore ja suhkruga [kohre ja ßuchkruga]
Mehr Kaffee, bitte.	Prašom puoduką kavos [praschom puoduhka kavoß]	Lūdzu vēl kafiju. [luhdsu wähl kafiju]	Palun veel kohvi. [balun wehl kohwi]
Bier	alus [ahluß]	alus [aluß]	õlu [ylu]
Mineralwasser	mineralinis vanduo [mineraliniß wanduoa]	mineralūdens [mineraludänß]	vesi gaasiga / mineraalvesi [wessi gahsiga / minerahlwessi]
Frühstück	pusryčiai [pußritschiai]	brokastis [brokaßtiß]	hommikusöök [hommikußöhk]
Ich möchte bezahlen.	Prašom sąskaitą. [praschom ßahßkaitah]	Lūdzu, rēķinu. [luhdsu rjähkjinu]	Palun arvet. [balun arwet]

Im Hotel	Litauisch	Lettisch	Estnisch
Gibt es hier ein Hotel?	Ar čia yra viešbutis? [ar zija ihra vihschbutis]	Kur te ir viesnīca? [kur tä ir wiaßnihza]	Kas siin läheduses hotelli on? [kaß ßihn lähedußeß hotelli on]
Ich habe ein Zimmer reserviert.	Aš užrezervavau viena kambarį. [asch uschreserwawau kambarih]	Man te ir pasūtīta istaba. [man tä ir paßuhtihta ißtaba]	Minu nimele on tuba broneeritud. [minu nimele on tuba bronehritut]
Ich suche ein Zimmer für zwei Personen.	Mes esame du asmenys, norime vieno kambario. [meß esamä du aßmänihs nohrimäh wihnoh]	Es meklēju istabu divām personām [äß mjäklähju ißtabu diwahm pärßonahm]	Üks tuba kahele, palun. [üks tuba kahele balun]
Mit Dusche und Toilette.	Su dušu ir tualetu. [ßu duhschu ir tualätuh]	Ar dušu un tualeti [ar duschu un tualäti]	duši ja tualettiga. [duschi ja dualettiga]
Wie viel kostet das Zimmer pro Tag?	Kokia kambario kaina? [kohkja kambarioh kaina]	Cik maksā šis numurs diennaktī? [zik makßah schiß numurß diänaktih]	Kui kallis see tuba on? [kui kallis seh tuba on]
Wo kann ich parken?	Kur čia galima parkuoti? [kur tschja galima parkuohti]	Kur es varu novietot mašīu? [kur äß waru njowjätoht maschihju]	Kus on võimalik parkida? [kuß on wo·imalik parkida]

Orts- und Sachregister

Alatskivi 92
Albu 92
Angeln 27
Angla 85
Anreise 29
Ärztliche Versorgung 99
Aukštaitija-Nationalpark 10

Badestrände 60, 61, 70, 73, 74, 86, 87, 89, 91, 96, 97
Baltische Herrenhäuser 84, 89, 92
Bauernhöfe 28
Bauska 80
Behinderte 99
Berg der Kreuze 62
Bernstein 33, 59, 61, 72
Birštonas 66

Camping 28
Cēsis 81

Deutscher Orden 15, 18, 39, 47, 80 f., 93
Devisen 99
Diplomatische Vertretungen 99
Druskininkai 9, 67
Dzūkija-Nationalpark 67

Einreise 29
Elektrizität 99
Elva 98
Europa-Park 38

Feiertage 99

Gauja-Nationalpark 11, 80, 82
Geld und Währung 100
Glintküste 13, 91
Grenzübergänge 29
Große Düne 59
Grūtas Parkas 68

Haapsalu 8, 83
Haustiere 100
Hiiumaa 84

Information 100
Internet 100, Klappe hinten

Jelgava 78
Jugendherbergen 28
Jugendstilbauten in Rīga 20 f., 43 f.
Juodkrantė 58
Jūrkalne 73
Jūrmala 9, 70

Kaali 85
Kaliningrad 63
Kallaste 96

Kap Kolka 72
Kärdla 84
Karäer 69
Karja 85
Käsmu 11, 89
Katharinental, Schloss 54
Kaunas 64
▪ Čiurlionis-Museum 65
▪ Burg 64
▪ Grüner Hügel 64
▪ Perkūnas-Haus 64
▪ Rathausplatz 64
▪ St. Peter und Paul 64
▪ Teufelsmuseum 65
▪ Vytautas-Kirche 64
Kaunasser Meer 66
Ķemeri 71
Ķemeri-Nationalpark 71
Klaipėda 56
▪ Alte Post 56
▪ Alter Speicher 56
▪ Gemäldegalerie 57
▪ Hauptpostamt 56
▪ Klein-Litauen-Museum 56
▪ Skulpturenpark 57
▪ Theaterplatz 56
▪ Uhrenmuseum 57
Koguva 87
Kohtla-Järve 91
Kõinastu 87
Kõpu 84
Kuldīga 75
Kuren, Volksgruppe 76
Kuressaare 8, 85
Kurische Nehrung 9, 13, 58
Kurische Schweiz 75
Kurtuvėnai-Regionalpark 10

Lahemaa-Nationalpark 11, 89
Liepāja 73
Līgatne 82
Liven, Volksgruppe 72

Memeldelta 63
Memeldelta-Regionalpark 63
Minija 63
Muhu 8, 87
Munamägi, Berg 13, 97
Musikfestivals 7, 23
Mustvee 96

Narva 92
Nationalparks 10 f., 26, 27, 58, 63, 66, 67, 71, 72, 80, 82, 89
Nemunas-Regionalpark 66
Nida 58
Notruf 100

Obinitsa 97
Öffnungszeiten 100

Ontika 91
Ordensburgen 42, 48, 51, 64, 73, 76, 80, 81, 83, 85, 90, 93
Otepää 97

Pažaislis, Kloster 66
Palanga 9, 61
Palmse, Gutshof 89
Pärnu 8, 87
Peipus-See 12, 96
Pirita 27, 54
Põlva 96
Post und Porto 101
Privatquartiere 28
Pühajärv (Heiligensee) 98
Pühtitsa, Kloster 92

Radfahren 26
Rakvere 90
Reiten 27
Rīga 39
▪ Alberta iela 43
▪ Börse 42
▪ Dom 42
▪ Drei Brüder 41
▪ Elisabetes iela 43
▪ Etnografisches Freilichtmuseum 44
▪ Freiheitsdenkmal 43
▪ Große und Kleine Gilde 40
▪ Jakobikirche 41
▪ Jugendstilbauten 43, 44
▪ Katzenhaus 40
▪ Konventa Sēta 40
▪ Museum der Schönen Künste 43
▪ Okkupationsmuseum 39
▪ Opernhaus 7, 43
▪ Petrikirche 40
▪ Pulverturm 41
▪ Rathausplatz 39
▪ Schloss 42
▪ Schwarzhäupterhaus 40
▪ Schwedentor 41
▪ Strēlnieku iela 43
Rocca al Mare 54
Roja 72
Rumšiškės, Freilichtmuseum 66
Rundāle, Schloss 78

Saaremaa 8, 84
Sabile 25, 75
Sagadi 11, 92
Sangaste 92
Sängerfeste 6, 54, 74, 93
Setu, Volksgruppe 93, 97
Šiauliai 62
Sicherheit 101
Sigulda 80

Šilutė 63
Slītere-Nationalpark 72
Smiltynė 58
Sooma-Nationalpark 11, 27
Sõrve-Halbinsel 86
Souvenirs 101
Suuremõisa, Gutsschloss 84

Tagaranna 86
Tallinn 9, 47
▪ Dicke Margarethe 50
▪ Domkirche 51
▪ Drei Schwestern 50
▪ Estnisches Kunstmuseum 51
▪ Estnische Nationaloper 7
▪ Heiliggeistkirche 49
▪ Historisches Museum 49
▪ Kiek in de Kök 51
▪ Kunsthalle 52
▪ Alexander-Newski-Kathedrale 51
▪ Nikolaikirche 47
▪ Okkupationsmuseum 52
▪ Olaikirche 50
▪ Rathaus 47, 48
▪ Ratsapotheke 48
▪ Schloss 51
▪ Schwarzhäupterhaus 50
▪ Stadtmuseum 50
▪ Viru 48, 51
▪ Wollmarkt 48
Talsi 75
Tartu 93
▪ Botanischer Garten 94
▪ Domkirche 94
▪ Johanneskirche 94
▪ Rathausplatz 94
▪ Sternwarte 94
▪ Universität 94
Telefon 101
Telšiai 62
Toila 91
Trakai 38, 68, 69
Trinkgeld 101

Unterwegs im Baltikum 29

Valaste 91

Ventė 63
Ventspils 9, 72
Vilnius 32
▪ Architekturmuseum 33
▪ Bernsteinmuseum 33
▪ Gedenkstätte Paneriai 36
▪ Gediminas-Turm 32
▪ Heiliggeistkirche 34
▪ Johanniskirche 33
▪ Jüdisches Museum 35
▪ Kasimirkirche 34
▪ Kathedralenplatz 32
▪ KGB-Museum 35
▪ Litauiesche Nationaloper 7
▪ Museum für angewandte Kunst 32
▪ Nationalmuseum 32
▪ Nikolauskirche 34
▪ St. Anna-Kirche 34
▪ Synagoge 35
▪ Tor der Morgenröte 35
▪ Universität 33
▪ Užupis, Stadtteil 34
▪ Zentrum für Zeitgenössische Kunst (CAC) 22, 35
Vogelbeobachtung 27
Võru 96
Võsu 89

Wandern 26
Wassersport 26
Wellness 8, 9

Zeit 101
Zollbestimmungen 101

Personenregister

Benton, Dave 20
Biron, Ernst Johann 78
Biron, Peter 78
Brainstorm 20
Čiurlionis, Mikolajus Konstantinas 23, 65, 67
Donelaitis, Kristijonas 21
Eisenstein, Michael 21, 43, 44

Hanson, Hedvig 20
Ivanauskaitė, Jurga 22
Karosas, Gintaras 38
Katharina II. 54, 87, 96
Kaudzīte, Reinis und Matīss 21
Keyserling, Eduard von 21
Kremer, Gidon 20
Kreuzwald, Friedrich R. 21
Kross, Jaan 22
Kuncinas, Jurgis 22

Laube, Eižens 44

Maironis 21
Mann, Katia 59
Mann, Thomas 57, 58 f., 60
Marie N. 20
Michetti, Niccolò 54
Mikkel, Johannes 54
Milašius, Juozas 20
Milosz, Czeslav 22

Notke, Bernt 47, 49

Padar, Tanel 20
Pärt, Arvo 20
Pēkšēns, Konstantīns 44
Pumpurs, Andrejs 21
Purvītis, Vilhelms 22

Rainis, Jānis 21, 42, 70
Rastrelli, Bartolomeo Francesco 20, 78 f.
Rode, Hermen 47
Rozentāls, Jānis 22, 44

Serelyte, Renata 22
Soeffrens, Nicolaus 22, 74, 75
Sudermann, Hermann 21

Tammsaare, Anton 21
Tschaikowsky, Peter 83
Tüür, Erkki-Sven 20

Vanags, Aleksandrs 44

Zāle, Kārlis 22, 43
Žmuidzinavičius, Antanas 65

Das System der POLYGLOTT-Sterne

Auf Ihrer Tour weisen Ihnen die Polyglott-Sterne den Weg zu den bedeutendsten Sehenswürdigkeiten aus Natur und Kultur. Für die Vergabe orientieren sich Autoren und Redaktion am UNESCO Welterbe.

*** eine Reise wert   ** einen Umweg wert   * sehr sehenswert

Litauen
*** Kurische Nehrung S. 58 f.
*** Trakai S. 68 f.
 ** Vilnius S. 32 ff.
 ** St.-Anna-Kirche S. 34
 ** Tor der Morgenröte S. 35
 ** Nida S. 58 ff.
 ** Große Düne S. 59 f.
 ** Klaipeda S. 56 f.
 ** Kryžių kalnas / Berg der Kreuze S. 62
 ** Kaunas S. 62

Lettland
*** Schloss Rundāle S. 78 f.
 ** Rīga S. 39 ff.
 ** Okkupationsmuseum S. 39 f.
 ** Jugendstilhäuser S. 43 f.
 ** Cēsis S. 81 f.
 ** Gauja-Nationalpark S. 82

Estland
*** Saaremaa S. 84 ff.
 ** Tallinn S. 47 ff.
 ** Oberstadt/Domberg S. 50 ff.
 ** Kuressare S. 85 f.
 ** Haapsalu S. 83 f.
 ** Pärnu S. 87 f.
 ** Lahemaa-Nationalpark S. 89 f.
 ** Glintküste S. 91
 ** Tartu S. 93 ff.
 ** Peipus-See S. 96

Die Autorin

Stefanie Bisping

studierte Anglistik, Germanistik und Politikwissenschaft. Sie ist am Niederrhein zu Hause und arbeitet als Reisejournalistin für Tageszeitungen, Zeitschriften und Buchverlage. Verschiedene Reisen führten sie in alle Regionen des Baltikums. Von jeder kam sie mit neuen Eindrücken und wachsender Faszination zurück.

Urlaubskasse

Tasse Kaffee	0,85 €
Softdrink	0,75–1 €
Glas Bier	1,50–2,50 €
Imbiss (Čeburekai)	1,50–2,50 €
Kugel Eis	0,60 €
Taxifahrt (pro Km)	0,45 €
Mietwagen/Tag	ca. 50 €
Fahrradmiete pro Std./Tag	3 €/12 €
Liege am Strand/Tag	3 €
1 l Superbenzin	0,90–1 €

Polyglott im Internet: www.polyglott.de,
im travelchannel unter www.travelchannel.de

Alle Informationen stammen aus zuverlässigen Quellen und wurden
sorgfältig geprüft. Für ihre Vollständigkeit und Richtigkeit können wir jedoch
keine Haftung übernehmen.
Ergänzende Anregungen bitten wir zu richten an:
Polyglott Verlag, Redaktion, Postfach 40 11 20, 80711 München.
E-Mail: redaktion@polyglott.de

Impressum

Herausgeber: Polyglott-Redaktion
Autorin: Stefanie Bisping
Lektorat: Anja Lehner
Layout: Ute Weber, Geretsried
Titelkonzept-Design: Studio Schübel Werbeagentur GmbH, München
Karten und Pläne: Theiss Heidolph
Satz Special: Carmen Marchwinski, München
Satz: Tim Schulz, Dagebüll

Komplett aktualisierte Auflage 2007/2008
© 2005 by Polyglott Verlag GmbH, München
Printed in Germany
Dieses Buch wurde auf chlorfrei gebleichtem Papier gedruckt.
ISBN-13: 978-3-493-56924-7
ISBN-10: 3-493-56924-6

Infos zu Städten und Touren

**Vilnius

Dauer: ca. 3 Tage
Highlights: *Kathedralenplatz,
*Bernsteinmuseum, **St.-Anna-
Kirche, *Heiliggeistkirche, **Tor
der Morgenröte, *KGB-Museum,
*Jüdisches Museum

**Rīga

Dauer: ca. 3 Tage
Highlights: **Okkupationsmuseum,
*Petrikirche, *Große Gilde, *Dom,
**Jugendstilhäuser, *Ethnografisches
Freilichtmuseum

**Tallinn

Dauer: ca. 3 Tage
Highlights: Nikolaikirche, Rathaus-
platz, Schwarzhäupterhaus,
*Stadtmuseum, *Kiek in die Kök,
*Alexander-Newski-Kathedrale,
*Schloss Toompea, *Dom,
*Schloss Katharinental

Tour 1

**Klaipėda → ***Kurische Nehrung
→ Palanga → *Telšiai → Šiauliai /
**Berg der Kreuze → Memeldelta
Länge: 457 km
Dauer: Eine Woche
Highlights: Altstadt von **Klaipėda,
***Kurische Nehrung mit **Großer
Düne und **Nida, **Thomas-Mann-
Haus in Nida, *Bernsteinmuseum von
Palanga, Bischofsdom von *Telsiai,
Kirche St. Peter und Paul in Šiauliai,
**Berg der Kreuze, Heide- und Moor-
landschaft um Šilutė

Tour 2

**Kaunas → **Kloster Pažaislis
→ Birstonas → *Druskininkai →
***Trakai
Länge: 150 km
Dauer: 3 Tage
Highlights: Altstadt und **Teufels-
museum in **Kaunas, *Klosteranlage